SCIENTIFIC
과학적
실재론
REALISM

이 저서는 2013년도 전북대학교 저술장려연구비 지원에 의하여 연구되었음.
금번 저서는 귀 출판사에서 시리즈로 출판되는 '과학문화연구 총서'의 6번째 '과학문화연구-6'입니다.

과학적
실재론

초판인쇄 2014년 3월 3일
초판발행 2014년 3월 3일

지은이 정광수
펴낸이 채종준
기 획 조현수
디자인 윤지은
마케팅 송대호

펴낸곳 한국학술정보(주)
주 소 경기도 파주시 회동길 230(문발동)
전 화 031-908-3181(대표)
팩 스 031-908-3189
홈페이지 http://ebook.kstudy.com
E-mail 출판사업부 publish@kstudy.com
등 록 제일산-115호(2000. 6. 19)

ISBN 978-89-268-6121-9 03160

과학적
실재론

정광수 지음

이담
Books

20세기 과학철학(philosophy of science)에서 활발히 토론된 주제들 중 하나가 '과학적 실재론(scientific realism)'이었다는 것을 어느 누구도 의심치 않을 것이다. 또한 본인의 대학원 시절 가장 관심을 가졌던 주제가 이것이기도 했다.

인간의 여러 욕구 중 하나인 지적 욕구는 수학적 지식, 관찰 경험적 지식을 만들었다. 그런데 지식(knowledge)에는 '전주에서 가장 높은 산은 기린봉이다'와 같은 '특수한(particular) 지식'도 있지만, 과거 · 현재 · 미래를 통틀어 언제나 일반적으로 '먹구름이 끼는 모든 경우에 비가 온다'는 법칙과 같은 '일반적(general) 지식'도 있다.

한편, 보편적 일반화(universal generalization) 또는 통계적 일반화(statistical generalization)를 통하여 얻은 경험법칙들을 설명하기 위하여 우리는 이론들(theories)을 세운다. 그리고 이론은 이론적 용어들, 예를 들어, 전자 · 쿼크 · 유전자 · 블랙홀 등등을 포함하는 문장들을 가진다. 그런데 이론적 용어들을 포함하는 문장들은 문자 그대로 옳거나 그를 수 있는 진술(statements)들인가, 이론적 용어들은 이 세상에 실재(reality)들을 가리키고자 하는가, 이론적 대상(theoretical entity)들은 실재하는가, 설명력 또는 예측력을 갖는 훌륭한 이론들은 옳다고 정당화될 수 있는가 등등이 '과학 이론의 인식적 격위(the cognitive status of scientific theories)' 주제 아래 다루어지고 있다.

과학적 실재론자(scientific realist)와 반실재론자(antirealist)-도구주의자, 구성주의자, 약정주의자-가 이론과 이론적 용어들에 대한 '해석'의 수준과 홀훌한 이론의 진리성과 이론적 대상들의 실재성의 정당화에 대한 '지식론적 (epistemological)' 수준에서 활발히 토론한다.

과학철학의 역사 속에서 이 주제에 대한 토론을 간단히 살펴보자. 2세기의 천문학자 프톨레마이오스는 행성의 겉보기 역행운동, 즉 지구상의 관찰자에게 행성이 배경의 별들에 대하여 운동 방향을 반대로 바꾸는 것처럼 보이는 현상을 똑같이 잘 해명해주는 두 개의 기하학적 모델들, 즉 주전원-대원 모델(the Epicycle-Deferent Model)과 운동하는 이심원 모델(the Moving-Eccentric Model)을 소개하였다. 프톨레마이오스는 그의 책 *Almagest*에서 천문학자는 현상들을 잘 설명해내는 수학적 모델을 제공하는 것을 목표로 삼으면 될 뿐, 행성들의 실재 운동에 관한 이론을 제공할 필요는 없다고 생각한다. 그리고 수학적 모델들은 행성의 실재 운동에 관한 옳거나 그른 문장, 즉 진술이 아니라, 단지 계산 장치, 즉 지적 도구일 뿐이라고 주장한다. 하지만 그는 또 다른 책 *Hypotheses Planetarum*에서는 그의 복잡한 원들의 체계는 행성들의 실재 운동 구조를 기술하고 있다고 주장한다. 프톨레마이오스는 과학 이론의 목표나 본성이 이 세계에 관한 진리를 기술하는 것을 목표로 삼고 그 이론은 옳거나 그른 문장, 즉 진술들의 체계인지, 아니면 과학 이론은 단지 현상을 설명하거나 예측을 위한 도구일 뿐이고 이 세계에 관한 진리를 기술하는 것을 목표로 삼지 않는 것인가라는 주제, 즉 '이론의 인식적 격위'에 대한 문제에 일관성 있는 견해를 주지는 못했지만, 이 문제에 관심을 보인 과학철학자였다.

프톨레마이오스는 지구-중심 천문학 체계를 수립했지만, 근대에 와서 코페르니쿠스는 태양-중심 천문학 체계를 내놓았다. 루터파 신학자 오시안더는 천문학 이론에 대한 프톨레마이오스의 초기 생각을 지지하면서, 코페르니쿠스의 태양-중심 체계도 행성들의 위치를 잘 예측하기 위하여 자유롭게 만들어진 수학적 모델, 즉 계산 장치에 지나지 않는다고 주장했다.

그러나 코페르니쿠스 자신은 자기의 태양-중심 체계는 계산 장치 이상의 것이며, 자신의 체계는 천문현상들 속에 실제로 있는 수학적 조화의 관계를 표현하고 있다고 주장한다. 그리고 프톨레마이오스의 체계보다 자신의 체계를 선택해야만 하는 이유로서, 더 나아가 경쟁하는 이론들 중에 어느 것을 선택해야 하는가에 대한 기준으로서 자신의 체계가 적용되는 영역이 넓다는 점, 즉 태양계 전체에 대한 통합적 모델이라는 것과 어느 경쟁 가설들보다 자세한 부분까지 예측과 설명이 가능하다는 점, 즉 행성들의 역행운동의 정도와 빈도까지 설명할 수 있다는 것을 들었다. 갈릴레오 역시 코페르니쿠스의 입장에 동조하며, 태양-중심 체계는 단지 계산 장치인 것만이 아니라 이 세계의 사실을 진술하고 있고, 적절하게 짜인 실험들에 의하여 이 우주 안에 실제로 있는 수학적 조화관계를 확인할 수 있다고 주장했다.

뉴턴은 법칙이나 이론이 이 세상에 실재하는 절대공간과 절대시간 속에서 일어나는 사실들을 기술하고 있다. 즉, 이론은 이 세상에 관하여 옳거나 그른 진술들의 집합이라고 주장하는 과학적 실재론을 지지했다. 뉴턴의 실재론에 반대하여 절대공간과 절대시간에 관한 언급 없이 마하는 역학(mechanics)을 재구성하고자 하였고, 과학 이론이란 옳거나 그를 수 있는 진술들의 집합이 아니라 단지 현상들을 예측하는 데 사용하는 계산 장치, 즉 지적인 도구(intellectual instruments)에 지나지 않는다는 과학 이론에 관한 도구론(instrumentalism)을 지지하였다. 그는 과학 이론이란 옳거나 그른 진술이 아니라 약정(convention)과 같은 것이어서 옳거나 그름이 입증되거나 반증되는 그런 것일 수 없다고 보았다. 뒤앙과 푸앵카레도 이 약정주의에 동의하였다.

20세기 논리실증주의자들이 과학 이론의 인식적 격위에 관한 실재론/반실재론 논쟁에 언어 분석적 접근 방식을 도입한 주인공이라는 것은 명백하다. 그들은 이론적 용어와 이론의 해석(interpretation)에 관한 문제에 관심을 보였다. 실증주의자들은 이론이 진술들의 구성체가 아니라 단지 논리적 도구라고, 또한 이론적 용어는 실재자(existent)를 지시하지 않는 것으로 해석한다.

셀라즈, 콰인, 퍼트남, 보이드 같은 많은 저명한 철학자들이 실재론을 되살렸고, 60년대와 70년대에 그것을 지배적인 견해로 만들었다. 그들에 의하면, 외관상으로 진술처럼 보이는 과학의 문장은 진짜 진술, 즉 옳거나 그를 수 있는 문장이다. 그리고 이론적 대상은 실재자를 지시하고자 한다.

과학적 실재론 토론의 진행 수준이 1980년에 반 프라센에 의하여 그의 책 *The Scientific Image* 출판과 더불어 바뀌었다. 반 프라센은 앞의 실재론자의 이론적 용어와 이론의 해석에는 동의하지만, 지식론적 문제를 제기하여 반실재론자와 실재론자 사이의 논쟁을 다시 일어나게 했다. 그의 실재론에 대한 반대는 이론과 이론적 대상에 관한 지식론적 수준에서 진행된다. 그에 의하면, 비록 이론이 옳거나 그리고 그것이 가정하는 이론적 대상이 실제로 존재할는지도 모르지만, 그 이론이 옳고 그것에 의하여 가정된 대상이 실재한다는 주장에 대한 충분한 증거가 없다. 그리고 과학 이론은 그것이 관찰 가능한 것들에 관하여 이야기하는 바가 옳으면 된다. 즉, '경험적 적합성(empirical adequacy)'을 지니면 된다고 주장한다.

50년대 이래 실재론자들은 과학적 실재론을 이론의 진리성에 대한 주장으로 여겨왔지만, 오늘날 여러 실재론자는 과학적 실재론을 어떤 이론적 대상들이 실재한다는 주장에 한정시키는 편이 보다 낫다고 생각한다. 실재론자와 반실재론자 사이의 현재 논쟁은 주로 이론적 대상에 대한 지식론적 문제에 관해서 진행된다. 실재론자는 훌륭한 이론에 의하여 가정된 이론적 대상의 실재성에 관한 신념이 정당화된다는 것을 보여줘야 된다.

해킹은 그의 책 *Representing and Intervening*에서 이론화(theorizing)의 수준에서는 과학적 실재론을 결정적으로 지지하거나 반대하는 논증이 있을 수 없는 것이 아닌가 의심한다. 그렇더라도 실험(experimentation)의 수준에서 (이론적 대상에 대한) 과학적 실재론을 위한 결정적 논증이 있을 수 있다고 생각한다. 해킹에 의하면, 물리적 세계의 다른 부분에 직접적으로 영향을 주는 인과적 도구로서 전자와 같은 어떤 이론적 대상들을 실험에서 사용하는 것이 그것들의 실재성에 관한 신념의 정당화에 대한 충분한 증거이다.

해킹은 전자와 같은 일부 이론적 대상들이 실재한다는 신념에 대한 완벽한

SCIENTIFIC
과학적
실재론
REALISM

정당화의 경우에, 증거가 쿼크와 같은 보다 더 가정적인 이론적 대상을 연구하는 실험에서 전자와 같은 이론적 대상을 우리가 인과적 도구로 사용하고 있는 것이라고 주장했다. 그는 (지식론적 수준에서) 전자에 대해서는 강한 의미로 실재론자이지만, 쿼크에 대해서는 강한 의미로 실재론자가 아니다. 해킹의 '특수 실재론(realism-in-particular)'에 대한 강조는 포스트모던 과학철학의 특질과 잘 어울린다.

이 책에서 필자는 20세기 '과학적 실재론/반실재론' 토론을 자세히 음미할 것이다. 특히, 이론적 대상의 실재성에 대한 정당화의 문제를 다루는 '지식론적' 수준에서의 '대상-실재론/반실재론' 토론을 깊이 살펴볼 것이다.

끝으로, '과학적 실재론' 주제를 다루면서 여러 가지로 도움을 주었던 McIntosh, Bennett, Garrett, Nissen 그리고 Hill 교수, 이봉재, 박영태 그리고 조인래 교수께 감사드린다.

정광수

목차

PART 01

과학 이론의
인식적 격위

과학적
실재론

'과학 이론의 인식적 격위(the cognitive status of scientific theories)'는 전통적 과학철학이 다루었던 주요 문제들 중의 하나였다. 이 문제는 두 종류의 물음들로 구성된다. 첫 번째 물음은 이론들이 진리치를 갖는지 어떤지와 만일 갖는다면 어떤 의미로 그것들이 옳거나 그른가이다. 여기서 "이론"은 논리적 함의 관계로 묶인 문장들의 집합을 의미한다. 이론은 이론적 용어들이 구성 성분의 일부인 문장들을 포함한다. 예를 들어, "*전자*는 마이너스 1의 *전하*를 갖는다", "*쿼크*는 1/3 e의 *전하*를 갖는다", "인간은 *유전자*들을 갖는다." 두 번째 물음은 이론적 대상들(theoretical entities)*이 실재하는지 어떤지, 다시 말해서 그런 대상들이 실제로 존재하는지 어떤지이다. 이론적 대상이란 과학 이론에 의해서 가정되지만 직접 관찰할 수 없는 대상들이다. 예를 들어, 전자, 쿼크, 유전자, 역장(力場), 플로지스톤, 열소(熱素), 블랙홀 등이다.

---

*   반 프라센은 그의 책 *The Scientific Image*(Oxford: Clarendon Press, 1980), p.14에서 대상들은 관찰 가능하거나 관찰 불가능하고, 용어나 개념들이 이론적이라고 말한다. 그는 "이론적 대상"과 같은 표현은 범주 착오의 한 예라고 생각한다. 그의 생각이 적절하다. 그렇지만 본 저서에서 필자는 "이론적 대상"이란 용어를 해킹이 그의 책 *Representing and Intervening*(Cambridge: Cambridge University Press, 1986), p.26에서 말하는 것과 같이, 이론들이 가정하고 우리가 직접 관찰할 수 없는 대상들에 대한 합성어로서 사용한다.

전통적으로 앞의 두 물음에 대해서 세 가지 입장이 주장되어 왔다. 첫 번째 것은 이론들에 대한 '실재론자'의 입장이다. 이 입장이 주장하는 바는 이론이 글자 그대로 옳거나 그르고, 진리에 대한 대응설의 의미로 그렇다는 것이다. 또한 전형적으로 우리가 믿고 있는 이론적 대상들이 실제로 존재한다는 것이다.

두 번째 것은 이론들에 대한 '도구주의자'의 입장이다. 이 입장에 의하면, 이론은 옳지도 그르지도 않다. 이론은 기껏해야 경험들과 법칙들을 체계화하고 예측들을 만드는 데 사용하는 논리적 도구일 뿐이다. 이론은 다른 경험적 자료들로부터 한 경험적 사실이 그것에 의하여 예측되는 규칙 또는 원리와 같은 역할을 수행한다. 달리 말하자면, 도구주의자는 이론이 진술들(statements)의 집합이라는 것을 부정한다. 그래서 이론이 진리치, 즉 옳음과 그름을 갖는다고 이해될 수 없다. 도구주의자들은 이른바 이론적 대상들이란 것들이 허구들이라고 주장한다. 그것들은 실제로 존재하지 않는다.

세 번째 것은 이론들에 대한 '기술주의자' 또는 '환원주의자' 입장이라고 불린다. 이 입장을 갖는 사람들은 이론이 관찰 사건들과 성질들 사이에 성립하는 관계들에 대한 속기적 표현이라고 주장한다. 기술주의자에 의하면, 이론은 진리치를 갖지만 그것이 관찰 진술들로 번역될 수 있기 때문에 그렇다는 것이다. 그들은 이른바 이론적 대상이라는 것도 또한 관찰 사건들과 성질들에 대한 속기적 개념이어서 그대로는 실재하지 않는다고 주장한다.

세 종류의 입장들 각각은 두 종류의 신조들을 가진다. 첫째는 이론들이 진리치를 갖는다거나 갖지 않는다고 진술하는 의미론적 신조이다. 둘째는 전부는 아닐지라도 많은 이론적 대상들이 실재하거나 그렇지 않다고 진술하는 존재론적 신조이다.

20세기 논리실증주의자들이 실재론/반실재론 논쟁에 언어 분석적 접근 방식을 도입한 주인공이라는 것은 명백하다. 그들은 이론과 이론적 용어의 해석에 관한 문제에 관심을 보였다. 실증주의자들에 의하면, 이론적 용어들을 포함하는 모든 용어는 관찰 가능한 것과 연관 지어서만 의미를 갖는다. 그런 까닭에 실증주의자들이 주장하기를, 두 이론이 외형상 서로 모순 관계에 있는 것처럼 보일지라도 만일 그것들의 관찰 가능한 결과들이 서로 일치한다면, 두 이론은 사실상 같은 것을 말하고 있는 것이다. 예를 들어, 한 이론은 모든 물질이 원자들로 구성되어 있다고 말하는 반면에, 다른 이론은 만물에 관한 연속적인 매개체를 가정한다. 그렇지만(외형상 서로 모순 관계에 있는 것처럼 보이는) 그런 이론들이 글자 그대로 해석되지 않을 때만 같은 것을 말하는 것이 가능하다. 글자 그대로의 해석에서는, 진술처럼 보이는 과학의 문장들이 정말로 옳거나 그를 수 있는 진짜 진술들이다. 그런 까닭에 실증주의자들은 이론이 진술들의 집합이 아니라 논리적 도구일 뿐이고, 이론적 용어는 실재자를 지시하지 않는다고 생각한다. 결과적으로, 20세기 전통적인 실재론/반실재론 토론은 대체적으로 언어학적 용어들 또는 논리실증주의와 연관된 철학적 범주의 용어들로 짜였다.

20세기 후반에 논리실증주의는 많은 철학자들에 의해 거부되었다. 결과적으로 과학철학 토론의 쟁점을 과학 언어의 분석에 두자는 주장은 점차 시들어갔다.

셀라즈, 콰인, 퍼트남, 보이드 같은 많은 저명한 철학자들이 이론적 용어의 의미에 관한 실증주의자들의 견해에 반대하였다. 그들은 이론적 용어가 관찰 가능한 것과 연관 지어서만 의미를 갖는다는

●● 콰인

●● 퍼드남

실증주의자들의 생각을 거부하기 때문에 실증주의자들과는 달리 과학 언어의 글자 그대로의 해석을 인정할 수 있다. 그런 까닭에 이 철학자들은 실재론을 되살렸고, 1960년대와 70년대에 그것을 지배적인 견해로 만들었다. 그들에 의하면, 외관상으로 진술처럼 보이는 과학의 문장은 진짜 진술, 즉 옳거나 그른 문장이다. 그리고 이론적 대상은 실재자를 지시하고자 한다.

퍼트남은 다음과 같이 말한다.

실재론자는 (주어진 이론이나 담론과 관련하여) ① 그 이론이나 담론의 문장들은 옳거나 그르고, ② 그것들을 옳거나 그른 것으로 만드는 것은 *외부의* 어떤 것-즉, (일반적으로) 우리의 실제 또는 잠재적 감각 데이터나 정신의 구조 또는 우리의 언어 등의 것이 아니다-이라고 주장한다.*

또한 보이드는 다음과 같이 말한다.

① 과학 이론에서 이론적 용어들(즉, 비관찰 용어들)은 추정적인 지시 표현들로 생각되어야만 한다: 그래서 과학 이론들은 "실재론적으로"

---

* Putnam, H., *Mathematics, Matter and Method*, Vol. I(Cambridge: Cambridge University Press, 1975), 69-70.

해석되어야만 한다. ② 실재론적으로 해석된 과학 이론들은 입증 가능하고 실제로 통상의 방법론적 기준들에 맞게 해석된 통상의 과학적 증거에 의해서 근사적으로 옳은 것으로 종종 입증된다. …… ④ 과학 이론들이 기술하는 실재는 우리의 사고나 이론적 언질에 충분히 독립적이다.*

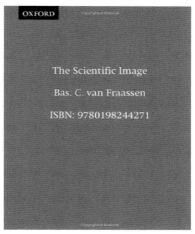

● ● The Scientific Image

과학적 실재론 토론의 진행 수준이 1980년에 반 프라센에 의하여 그의 책 *The Scientific Image* 출판과 더불어 바뀌었다. 이 책은 포스트실증주의 과학철학에서 아주 중요한 책들 중의 하나이다. 반 프라센은 반실재론자와 실재론자 사이의 논쟁에 다시 한 번 불을 붙였는데, 이번에 그는 앞에서 살펴본 실재론자들의 논리실증주의에 대한 거부는 받아들이지만, 즉 이론과 이론적 용어에 대한 실재론자의 해석에는 동의하지만, 지식론적 문제를 제기하여 그 논쟁을 다시 일어나게 했다. 훌륭한 이론들이 옳고 그것들이 가정하는 대상들이 실재한다는 실재론자의 신념은 정당화되는가? 반 프라센은 주장하기를, 비록 우리가 이론에 대한 실재론자의 해석-이론은 옳거나 그른 진술들의 집합이라는 것-을 받아들여도 좋지만, 그렇다고 훌륭한 이론들이 옳다거나 바로 그래서 그것들이 가정하는 대상들이 실재한다고 믿을 필요는 없다.** 실재론에 대한 그의 반대는 이론과 이론적 대상에 관한 지식론적 수

*   Boyd, R. N., "The Current Status of Scientific Realism", in J. Leplin(ed.), *Scientific Realism*(Berkeley & Los Angeles: University of California Press, 1984), 41-42.

**   van Fraassen, B. C., *The Scientific Image*(Oxford: Clarendon Press, 1980), 11-12.

준에서 진행된다. 그에 의하면, 비록 이론이 옳거나 그르고 그것이 가정하는 이론적 대상들이 실재할 것 같을지라도, 그 이론이 옳고 그것에 의해서 가정된 대상들이 실재한다는 주장을 위한 충분한 근거를 우리는 갖지 못하고 가질 수도 없다.

그래서 반 프라센은 실재론자들과 반실재론자들 사이에서 진행되어 온 논쟁의 방식을 바꾸었다. 앞에서 살펴본 바와 같이 20세기 중엽 이전의 실재론자와 반실재론자인 도구주의자나 환원주의자 사이의 논쟁은 주로 논리실증주의자들의 용어들로 구성되었다. 쟁점은 이론적 용어들과 이론들을 어떻게 해석할 것인가에 맞추어졌다. 반 프라센은 과학적 실재론 논쟁을 언어적인 것에 치중함이 없이 부흥시켰다. 그는 이론적 용어들이 추정적인 지시 표현이라는 실재론자의 해석이 설득력이 있다고 생각한다. 실재론에 대한 어떤 가치 있는 반대도 언어 해석의 수준이 아니라 지식론적 수준에서 진행되어야 한다고 그는 생각한다.

실재론자와 반실재론자 사이의 최근 논쟁은 반 프라센이 제기한 이론과 이론적 대상들에 대한 지식론적 쟁점에 관계한다. 실재론자에 대한 도전은 오늘날 지식론적인 것이다. 훌륭한 이론들의 진리성과 그것들에 의해서 가정된 이론적 대상들의 실재성에 대한 그들의 신념이 정당화된다는 것을 보이는 것이다.

이러한 종류의 반실재론자들의 도전에 대응하여 훌륭한 이론들과 많은 이론적 대상들에 대한 우리의 신념이 정당화된다는 것을 보이기 위한 다양한 시도들이 있어 왔다. 레플린은 실재론자들이 그들의 견해를 정당화하기 위해 사용하곤 했던 근거들의 일부를 다음과 같이 열거한다.

…… (3) 과학 이론의 근사 진리성은 그것의 예측적 성공에 대한 충

분한 설명이다. (4) 과학 이론의 (근사) 진리성은 그것의 예측적 성공에 대한 유일하게 가능한 설명이다. ……*

---

*   Leplin, J. (ed.), *Scientific Realism* (Berkeley & Los Angeles: University of California Press, 1984), 1-2.

PART 02

과학적 실재론에 대한
전통적 정당화

과학적
실재론

1. '최선의 설명으로의 추리'에 기초한 과학적 실재론의 정당화

자신들의 견해를 전통적인 형태로 구성하는 일부 실재론자들, 예를 들어, 보이드, 퍼트남 등은 도구주의와 같은 반실재론자들의 견해가 과학의 성공을 설명하지 못한다고 비판해왔다.* 실재론자들은 그들이 할 수 있는 것처럼, 반실재론자들은 왜 성공적인 이론들이 현상들을 매우 잘 예측하고 조절하는가를 설명할 수 없다고 생각한다. 실재론자들에 의하면, 그것에 관한 최선의 설명은 이론들이 이 세계에 대해서 글자 그대로 옳은 이야기들이고 이론들이 가정하는 이론적 대상들이 실재한다는 것이다. 한편, 그들이 생각하기를, 반실재론자들은 왜 이론들이 현상들을 매우 잘 예측하는가를 설명할 수 없다. 왜냐하면, 그들은 이론과 이론적 용어에 대한 실재론자들의 해석을 부정하기 때문이다. 따라서 이 실재론자들은 실재론이 반실재론보다 낫다

---

* Boyd, R. N., "Determinism, Laws and Predictability in Principle", in *Philosophy of Science* 39 (1972) & "The Current Status of Scientific Realism"; Putnam, H., *Mathematics, Matter and Method*, 73 & *Meaning and the Moral Sciences*(London: Hutchinson, 1978), 18-22.

고 생각한다. 이론들의 도구적 신뢰성에 대하여 실재론이 최선의 설명을 제공한다는 사실은 반실재론보다 실재론에 대한 *실용적* 선택의 기반이 된다고 그들은 생각한다.

더 나아가, 실재론자들은 이론들의 도구적 성공에 대한 실재론자의 설명 가능성이 실재론에 대한 *신념*의 기반이 된다고 주장한다. 이것이 실재론에 대한 "최선의 설명" 논증이다. 그것이 주장하는 바는 이론과 이론적 대상의 도구적 신뢰 가능성에 대한 이론의 (근사) 진리성과 이론적 대상의 실재성이 갖는 설명력이 이론의 (근사) 진리성과 이론적 대상의 실재성에 대한 신념의 충분한 근거라는 것이다.*

그들의 논증은 '최선의 설명으로의 추리'라는 생각에 기초를 두고 있다. 그 생각이란, 만일 어떤 증거에 부닥쳐서 우리가 경쟁가설보다 그 증거를 보다 잘 설명하는 가설을 발견한다면, 바로 그것을 바탕으로 우리는 그 (최선의 설명) 가설이 (아닌 것보다 더) 옳을 것 같다고 추리해야만 한다는 것이다.** 그렇지만 누군가는 반대하여 만일 그 가설이 증거 현상을 설명한다면, 우리는 그 가설이 옳거나 근사적으로 옳다고 미리 가정하고 있는 것이라고 주장할 것이다. 왜냐하면, 설명에 있어 설명하는 문장들은 옳거나 근사적으로 옳아야만 하기 때문이다. 그러나 '최선의 설명으로의 추리'에 있어 그 설명은 설

---

* 여기서 우리의 관심사는 설명력을 기반으로 실재론이 정당화될 수 있는가이다. 그리고 신념이 정당화된다는 것은 그 신념에 대해서 (결정적 증거는 아닐지라도) 적어도 충분한 (또는 좋은) 증거가 확보된다는 것을 의미한다. 또한, 어떤 종류의 증거가 어떤 신념에 대한 충분한 (또는 좋은) 증거가 된다는 것은 그러한 종류의 증거에 입각해서 어떤 것이 (근사적으로) 옳다고 믿는 것에 대한 잘못된 경우가 적어도 아직까지는 발견되지 않았음을 의미한다.

** '최선의 설명으로의 추리'는 아래와 같은 많은 철학 저작들 속에서 해설되고 토의되었다: Pierce의 *Collected Papers*(Hartshorn & Weiss(ed.), Cambridge, Mass.: Harvard University Press, 1931)(5.180-5.212); Harmon의 "The Inference to the Best Explanation" in *The Philosophical Review* 74(pp.88-95); Brody & Grandy의 "Confirmation and Explanation" in *Readings in the Philosophy of Science* 2d ed.,(Englewood Cliffs: Prentice Hall, 1989)(pp.410-26); Hanson의 *Patterns of Discovery*(Cambridge: Cambridge University Press, 1972)(4장); Thagard의 "The Best Explanation: Criteria for Theory Choice" in *The Journal of Philosophy* 75(pp.76-92); Cartwright의 *How the Laws of Physics Lie*(Oxford: Clarendon, 1983)(에세이 5).

명하는 것, 즉 가설이 설명되는 현상에 대한 이해를 증대시키는 데 기여하는 절차이다. 이 의미의 설명에서는 설명하는 문장들이 옳거나 근사적으로 옳을 필요가 없다.

'최선의 설명으로의 추리'에 있어서의 설명 개념을 명백히 파악하기 위하여 설명에 대한 두 가지 구분들－실제적 설명과 잠재적 설명 사이의 구분과 가장 믿음직한(likelist) 설명과 가장 훌륭한(lovelist) 설명 사이의 구분－에 대해서 살펴보자. 헴펠

•• 헴펠

의 *Aspects of Scientific Explanation*과 같이 우리에게 낯익은 과학적 설명에 대한 책들에 의하면, 실제적 설명이 꼭 갖추어야 할 조건들 중의 하나로 설명하는 문장들은 (적어도 근사적으로) 옳아야만 한다는 것이 있다. 그리고 잠재적 설명은 이 진리 조건을 제외한 실제적 설명의 모든 조건을 만족시킨다.* 그래서 '최선의 설명으로의 추리'에 있어 그 설명은 이 종류의 *잠재적* 설명이다.

립튼이 가장 믿음직한 설명과 가장 훌륭한 설명 사이의 두 번째 구분을 만들고 설명하였다.** 그에 의하면, 한 설명이 증거에 의해 아주 잘 지지받게 되면, 즉 아주 많이 보장받게 되면, 그 설명은 가장 믿음직한 설명이다. 그리고 믿음직함은 진리성에 대해서 이야기한다. 한편, 한 설명이 아주 많은 이해를 제공한다면, 그 설명은 설명이다. 그리고 훌륭함은 잠재적 이해에 대해서

---

*   Hempel, C. G., *Aspects of Scientific Explanation*(New York: Free Press, 1965), 338.
**   Lipton, P., *Inference to the Best Explanation*(London: Routledge, 1991), 61-64.

이야기한다. 그래서 '최선의 설명으로의 추리'에 있어 최선의 설명은 이 종류의 *가장 훌륭한* 설명이다.

2. '최선의 설명으로의 추리'에 기초한 정당화에 대한 비판

●● 반 프라센

과학적 실재론에 대한 "최선의 설명" 논증은 '최선의 설명으로의 추리'에 대한 반 프라센의 비판에 의해서 영향받는다. 그는 '최선의 설명으로의 추리'라는 생각이 올바르지 못하다고 주장한다. 첫째로, 반 프라센은 *The Scientific Image*에서 설명이라는 것이 결코 신념의 근거가 아니라고, 그래서 '최선의 설명으로의 추리'는 신뢰할 만한 것이 아니라고 주장한다. 여기서 필자는 설명력이 결코 신념의 근거가 *될 수 없다*는 것은 지나치지만,

설명력은 단지 신념을 위한 약한 근거일 뿐, *충분한* 근거는 아니라고 생각한다. 그래서 필자는 설명력이 신념을 위한 충분한 근거가 아니라는 반 프라센의 생각에 동조한다.

이론의 설명력이 이론에 대한 신념의 근거가 아니라는 반 프라센의 생각을 이해하기 위하여 필자는 몇 가지 예들을 살펴보겠다. 아인슈타인이 상대성이론을 처음으로 제안하였을 때, 그의 이론은 물리적 현상들을 매우 잘 설명하였다.

그의 이론 속의 명제들과 초기 조건들에 대한 명제들-특수하고 관찰 가

능한 대상들과 사건들에 관한 특수 진술들-로부터 그 현상들이 연역되었다. 여기서, 그의 이론 속의 명제들에 의하여 왜 그 현상들이 그러한가에 대해 이론적으로 이해되었다.

한편, 상대성이론의 명제들로부터 아인슈타인은 빛이 태양 옆을 지날 때 굽는다는 것을 연역하였다. 즉, 그 명제들로부터 아인슈타인은 새로운 현상을 추리하였다. 몇 년 뒤에 영국 천문학자들은 일식 동안에 빛의 굽음을 보여주는 사진들을 촬영하였다. 그 사진들은 상대성이론의 명제들을 입증했다. 그 결과로 우리는 그 이론의 명제들을 믿게 되었다. 그 이론에 대한 증거는 뒤에 왔다. 다시 말해서 아인슈타인의 상대성이론에 대한 신념의 근거는 *뒤*에 왔다.

아인슈타인은 그의 광양자-"빛을 양자화된 묶음으로 보는 개념"*-이론으로 광전 효과를 설명하였다. 그의 설명으로 우리는 광전 효과에 대한 이론적 이해를 획득하였다. 뒤에 여러 입증 사례에 의해서 광양자가 실재할 것 같다는 신념이 정당화되었다. 그 결과로 우리는 광양자의 실재성을 믿게 되었다.

비록 우리가 아인슈타인의 광양자 이론의 설명을 통하여 광전 효과에 대한 이론적 이해를 획득하였을지라도, 광양자의 실재성에 대한 신념의 근거는 그 뒤에 왔다.

18세기 초에 금속의 산화 현상이 플로지스톤 이론으로 설명되었다. 그 이론은 또한 연소, 호흡, 부패 등에 대해서도 통일적인 설명

●● 아인슈타인

---

* Hacking, I., *Representing and Intervening*(Cambridge: Cambridge University Press, 1986), 53.

●●캐번디시

●●칸트

을 제공하였다. 플로지스톤이란 매우 가벼운 물질로서 온도가 높아지면 물체로부터 튀어나가는데, 이때 불꽃이 생기며 유황처럼 잘 타는 물질은 플로지스톤을 많이 함유하고 있다고 여겨졌다. 마찬가지로, 그 이론은 금속이 산화할 때 플로지스톤이 금속으로부터 빠져나간다고 말한다.

그 후 1세기에 걸쳐서 이 이론은 화학계를 지배하였고, 당시 유명한 화학자 블랙, 캐번디시, 프리스틀리, 셸레 등에 의해서 옳은 것으로 받아들여졌다. 또한, 그 이론은 여러 현상을 통일적으로 설명함으로써 어떤 이론을 받아들일 것인가에 대한 기준으로서 현상들 사이의 관계들에 대한 우리의 지식 범위를 확장시켜 주는 이론을 받아들여야 한다는 점을 강조하였던 칸트는 그의 『순수이성비판』에서 슈탈의 그 이론은 모든 자연과학자들에게 빛을 비춰주었다고 플로지스톤 이론을 극찬하였다. 결론적으로, 플로지스톤 이론의 설명을 통하여 금속의 산화 현상 등이 이론적으로 이해되었다.

그렇지만 프랑스 화학자 라부아지에는 금속 산화 과정의 최종 산물이 원래 금속보다 무겁다는 사실을 밝혔다. 그래서 금속 산화 과정 중에 매우 가벼운 무게를 갖는 플로지스톤이라고 불리는 물질이 빠져나간다는 생각은 의심스럽게 되었다. 하지만 물리학에서는 이미 정량적인 측정의 중요성이 강조되었지만, 화학에서는 그렇지 않았고 정성적인 설명만을 신봉하였던 슈탈은 당황하지 않았다. 한편, 플로지스톤 이론을 굳게 신봉하였던 몇몇 화학자들은 플로지스톤이 마이너스 무게를 가지고 있기 때문에, 금속의 산화 시 플로지스톤이 빠져나가면 잔류물의 무게가 증가하게 된다는 미봉가설(ad hoc hypothesis)을 제안하여 라부아지에의 발견을 받아들임과 동시에 플로지스톤 이론을 계속 유지하고자 노력하였다. 그러나 라부아지에는 공기 중에서 금속을 가열할 때 금속의 무게

●● 라부아지에

가 증가하는 이유를 공기 중의 산소와 금속의 결합으로 설명하였다. 어떤 물질이 연소하는 동안, 주위의 공기 무게에서 감소된 무게가 연소한 물질의 증가한 무게와 같다는 사실을 실험을 통해서 확인하였다. 마찬가지로, 금속의 산화 과정의 최종 산물은 금속과 공기 중의 산소가 결합한 금속 산화물이므로 무게가 증가한다고 설명하였다.

이처럼 금속의 산화 과정, 연소 등에 대해서 새로운 산화 이론이 등장하고 무게 변화에 대한 정량적 설명까지 가능하게 되자, 마이너스 무게를 가진 플로지스톤을 가정하는 임시변통의 미봉가설까지 동원하여 유지하려던 플로지스톤 이론은 그른 것으로 판명되었고 포기되었다. 결론적으로, 플로지스톤 이론은 금속의 산화 현상을 설명하였음에도 불구하고 그 이론의 진리성과 플로지스톤의 실재성이 믿어지지 않게 되었다. 플로지스톤 이론의 설명력은 그 이론의 진리성과 플로지스톤의 실재성에 대한 신념의 충분한 근거가 되지 못한다.

반 프라쎈은 그의 최근의 책인 *Laws and Symmetry*에서 '최선의 설명으로

의 추리'와 관련된 문제점들을 보다 자세히 다루고 있다. 첫째로, 반 프라센은 '최선의 설명으로의 추리'에 대해서 다음과 같이 기술한다:

> ······ ['최선의 설명으로의 추리'는] 역사적으로 주어진 가설들 중에서 최선의 것을······ 선택하는 규칙이다. ······ 믿는다는 것은 적어도 어떤 것을 다른 것보다 더 많이 옳을 것 같다고 생각하는 것이다. 그래서 최선의 설명을 믿는 것은 주어진 가설에 대한 평가 그 이상의 것을 요구한다. 그것은 이 가설이 실제 경쟁 가설보다 낫다는 비교 판단 그 이상의 단계를 필요로 한다. 비교 판단이 사실상 '증거에 (비춰진) 평가'인 반면에, 그 다른 단계-그것을 확장 단계라고 부릅시다-는 그렇지 않다. 내 생각으로는 최선의 집합 X가 다른 것보다 더 옳을 것 같다고 여기는 것은 진리가 다른 것보다 X에 이미 더 많이 성립되어 있을 것 같다는 사전 신념을 필요로 한다.[*]

반 프라센이 생각하기를, 첫 번째 문제는 그 가설이 옳을 것 같다고 믿는 것에 대한 충분한 이유가 없다는 것이다. 앞에서 살펴본 바와 같이, 한 가설의 설명력은 그 가설이 옳을 것 같다고 믿는 것에 대한 충분한 근거가 될 수 없다. 더 나아가,

> '최선의 설명으로의 추리'가 이상적인 귀납추리를 이룩하고자 하는 것이라면, 그것은 그러한 것이 못 된다. 그러한 것으로서 그것의 목표는 순전히 객관적인 방식으로 증거에만 기초하여 보장받는 새로운 신념들을 형성하는 규칙이어야 한다. 그것은 가설들이 증거를 얼마나

---

[*] van Fraassen, B. C., *Laws and Symmetry* (Oxford: Clarendon Press, 1989), 142-143.

잘 설명하는가에 바탕을 둔 가설들에 대한 평가에 기초하여 이러한 일을 하는 것을 목표로 삼는데, 여기서 설명 또한 가설과 오직 그 증거와의 사이에 성립하는 객관적인 관계며…… ['최선의 설명으로의 추리'는] 그러한 것일 수 없다. 왜냐하면, 그것은 역사적으로 주어진 가설들 중에서 최선의 것을 오직 선택하는 규칙일 뿐이기 때문이다.[*]

필자는 여기서 비록 '최선의 설명으로의 추리'가 다른 것보다 최선의 설명을 제공하는 가설에 대한 실용적 선택의 규칙은 될지라도, 그 가설의 (근사) 진리성에 대한 보장된 신념을 위한 규칙일 수 없다고 반 프라센이 올바르게 주장하고 있다고 생각한다. 한 가설의 (근사) 진리성이 갖는 설명력은 앞에서 이미 살펴본 바와 같이 그 가설의 (근사) 진리성에 대한 신념을 위한 충분한 근거가 되지 못한다.

둘째로, 반 프라센이 생각하기를, 사람들이 이야기하는 최선의 설명은 아주 좋은 것이 아닐지도 모르고, 그래서 옳음 직하지 않을 것 같다. 그 이유를 살펴보면,

나는 다음과 같이 믿고 당신들도 그러할 것이다. 지금까지의 모든 증거와 조화를 이루지만 아마 아직 결코 형성되지 않았으며, 적어도 우리가 지금 가지고 있는 최선의 것과 같은 정도로 설명을 제공하는 많은 이론들이 존재한다. 이 이론들은 지금까지 우리가 가지고 있는 증거에 속하지 않는 진술들에 대해서 여러 가지 많은 방식으로 부조화를 이룰 수 있기 때문에 그것들의 대부분은 단연 그른 것임에 틀림이 없다는 것이 명백하다. 나는 우리가 가지고 있는 최선의 설명에 대해

---

[*]   같은 곳.

서 진리치와 관련지어 그것이 이 집합에 속하는 것이라는 사실 외에
아무것도 알지 못한다. 그래서 나는 그것을 요소들의 대부분이 그른
그 집합의 임의의 한 일원으로 대우해야만 한다. 그런 까닭에 그것이
옳다는 것은 나에게 그럴듯하게 여겨지지 않는 것이 매우 당연하다.*

또한, 최선의 설명 이론에 의해서 가정되는 이론적 대상들이 실재한다는
것도 그에게 그럴듯하게 여겨지지 않는다. 그렇지만 필자의 생각에는, 반 프
라센의 결론이 너무 지나치게 강하다. 한 가설의 설명력이 그 가설의 (근사)
진리성에 대한 신념을 위해서 충분한 근거는 아니지만, 그 설명력은 그 가설
의 (근사) 진리성에 대한 신념을 위해서 약한 근거는 될 것 같다.

앞에서 살펴본 아인슈타인의 상대성가설, 광양자가설의 경우들이 보여주
는 것과 같이 많은 과학의 경우들에 있어서 초기의 설명력으로 이론적 이해
를 주었던 가설이 뒤에 표준적인 입증 절차에 의해서 그 가설의 (근사) 진리
성에 대한 충분히 근거 있는 신념이 확립된다. 이러한 상황에서 가설의 설명
력이 그 가설의 (근사) 진리성에 대한 신념을 위해서 최소한 약한 근거는 될
수 있다는 것을 지식론적 승인 체계의 한 원리로 받아들여도 좋을 것 같다.
그래서 많은 최선의 설명 이론들의 각각이 그름에 틀림이 없다기보다는 아
마 (근사적으로) 옳을 것 같다.

한편, 반 프라센의 결론은 명제 p(또는 한 이론을 구성하는 진술들의 집합)에
대한 우리의 신념이 암시적으로 실수 위험성을 안고 있을 때, 우리는 지식
주장을 만들지 않아야만 한다는 그의 기본적인 확신에 근거하고 있다. 그러
나 필자의 생각으로는, 경험적 경우들에 있어서 단지 논리적 실수 가능성이
실제적 실수 가능성을 함의하지 않는다. 또한 우리가 명제 p를 믿는 것에 있

---

* 　같은 책, 146.

어 잘못을 범할 가능성이 있다는 사실이 p가 옳지 않다는 것을 논리적으로 함의하지 않는다. 그래서 필자는 반 프라센의 결론이 지나치게 강하다고 생각된다.

필자는 최선의 설명 이론이 갖는 설명력이 그 이론이 옳을 것 같다는 투박한 생각을 위한 약한 근거이고, 그러한 이론에 의해서 가정되는 이론적 대상들이 갖는 설명력도 그러한 대상들이 실재할는지도 모른다는 투박한 생각을 위한 아주 희미한 근거일 뿐이라고 생각한다. 한 이론이 최선의 설명 이론이라는 사실은 그 이론이 (근사적으로) 옳다는 신념을 위한 충분한 근거가 아니고, 한 종류의 이론적 대상들이 최선의 설명의 것이라는 사실도 그것들이 실재한다는 신념을 위한 충분한 근거는 아니다. 그래서 '최선의 설명으로의 추리'에 근거한 일부 과학적 실재론자들의 과학적 실재론에 대한 정당화는 설득력이 없다고 필자는 생각한다. 과학적 실재론자들은 그들의 견해를 정당화하기 위하여 다른 방법을 찾아야 할 것 같다.

PART 03

반 프라센의
지식론적 반실재론

과학적
실재론

1. 전통적 실재론 vs. 개정된 실재론

20세기에 자신들의 견해를 전통적인 형태로 구성한 보이드 같은 실재론자들은 과학적 실재론을 주로 이론들에 관한 주장으로 구성하였다. 그리고 부수적으로 이론적 대상들에 관한 주장을 덧붙였다.

전통적 실재론자들과는 달리, 일부 실재론자들은 과학적 실재론을 이론보다는 오히려 이론적 대상에 관한 주장으로 이해한다. 이것은 그들이 실재론 자체가 존재들에 관한 주장이라고 생각하기 때문이다.

•■Representing and Intervening

해킹은 그의 책 *Representing and Intervening*(p.27)에서 "대상들에 대한 실재론(상당히 많은 이론적 대상들이 정말로 실재한다는 주장)"과 "이론에 대한 실

•• Representing and Intervening

재론(이론들이 우리가 아는 것과는 독립적으로 옳거나 그르다. 즉, 과학은 진리를 목표로 삼고 이 진리는 이 세상이 어떻게 되어 있는가라는 주장)"을 구별한다. 하레 또한 그의 책 *Varieties of Realism*에서 "지시 실재론(대상들에 관한 주장)"과 "진리 실재론(이론들에 관한 주장)"을 구분하고, "진리 실재론"은 전통적인 형태의 실재론이고 "지시 실재론"이 개정된 실재론이라고 주장한다.* 더 나아가 데빗은 그의 책 『Realism and Truth』에서 과학적 실재론을 이론적 대상들, 상태들, 그리고 과정들에 관한 주장으로 한정시키는 편이 보다 나을 것 같다고 제안하고, 과학적 실재론을 "대부분의…… 과학적·물리적 유형들의 개개의 사례들이 객관적으로 정신적인 것과 독립해서 존재한다"고 정의한다.** 실재론 그 자체는 존재하는 것에 관한 주장이기 때문에 필자는 데빗의 견해에 동의한다.

2. 반 프라센의 반실재론

반 프라센은 이론적 대상들이 관찰 불가능하기 때문에 그것들이 실재하는가에 대해서 알 수가 없다고 생각한다. 그의 반실재론에 있어서 '관찰 가능성'이라는 개념은 중요한 역할을 한다. 반 프라센은 "관찰 가능한"이라는 용어를 다음과 같이 정의한다. "X는 만일 그것이 어떤 상황들 아래에서 우

---

*   Harr , R., *Varieties of Realism* (Oxford: Basil Blackwell, 1986), 65.

**   Devitt, M., *Realism and Truth* (Princeton: Princeton University Press, 1984), 22.

리 앞에 놓였을 때, 우리가 관찰하는 그런 상황들이 존재한다면, 관찰가능하다."* 그는 또한 "어떤 도구의 도움 없이 맨눈으로 보는 것은 명백한 관찰의 경우"**라고 생각한다. 관찰한다는 것은 감각기관들을 통해서 지각하는 것 (보고, 듣고, 맛보는 것 등등)이다. 반 프라센이 전자와 같은 이론적 대상이 관찰 불가능하다고 말할 때, 그는 *도구들의 도움 없는 우리의 감각기관만으로* 전자가 관찰될 수 없다는 것을 의미한다. 망원경이나 현미경을 사용하는 경우에는 어떠한가? 반 프라센은 망원경을 통해서 목성의 달을 보는 것은 명백한 관찰의 경우라고 생각한다. 왜냐하면, 우리가 목성에 가서 맨눈으로 그 달들을 볼 수 있기 때문이다.*** 그렇지만 그는 우리가 현미경을 통해서 혈소판을 관찰할 수 있다고 생각하지 않는다. 왜냐하면, 우리가 맨눈으로 혈소판을 볼 수 없기 때문이다. 그는 또한 안개상자 안의 전자의 지나감에 의해서 야기된 은회색선에 대한 관찰이 전자에 대한 관찰이 아니라, 지나간 전자의 이온화 흔적에 대한 관찰이라고 생각한다.****

그렇지만 맥스웰*****과 같은 사람들은 비록 우리가 현재 기술 능력 아래서는 전자들이 관찰될 수 없지만, 그것들에 대한 관찰이 원리적으로 불가능한 것은 아니라고 주장할 것이다. 그렇지만 반 프라센은 관찰 가능성을 오직 인간의 실제 능력에만 관련지어 규정한다. 그는 관찰 가능한 것과 관찰 불가능한 것이 이 방식으로 구분되어야만 적절하다고 생각한다. 왜냐하면, 잠정적 대상이 원리적으로 관찰 가능하다는 것은 그것의 실재성을 위한 충분한 근거가 되지 못하기 때문이다.

---

* van Fraassen, 1980, 16.
** 같은 곳.
*** 같은 곳.
**** 같은 책, 16-17.
***** Maxwell, G., "The Ontological Status of Theoretical Entities", *Minnesota Studies in Philosophy of Science* III (1962): 3-27.

3. 해킹의 비판

해킹은 이론적 대상들의 실재성에 대해서 우리가 알지 못한다는 반 프라센의 견해와 달리, 상당히 많은 이론적 대상들의 실재성에 대한 지식을 우리가 가진다고 주장한다. 직접 관찰할 수 없고 이론이 가정한 어떤 이론적 대상들, 예를 들어, 바이러스 등은 뒤에 제작된 고배율의 새로운 현미경을 통해서 관찰된다. 따라서 우리는 그런 이론적 대상들이 실재한다는 것을 관찰을 통해서 안다.

한편, 반 프라센은 우리가 광학 도구의 도움을 받아 어떤 것을 볼 때에도 관찰인 경우가 있는데, 적절한 조건 아래서 우리가 맨눈으로도 그것을 볼 수 있을 경우에만 그렇다고 생각한다. 그래서 그는 혈소판이나 짚신벌레를 현미경을 통하여 우리가 관찰할 수 없다고 결론 내린다. 왜냐하면, 혈소판을 우리가 맨눈으로 관찰할 수 없고, 짚신벌레의 크기로 작아져서 그것을 볼 수 없기 때문이다.[*]

그렇지만 해킹은 반 프라센의 이러한 관찰 개념이 너무 좁다고 비판한다. 실제 관찰들에 있어 도구의 도움 없이 오직 감각기관만을 사용할 필요는 없다. 우리는 현미경과 같은 여러 도구를 사용할 수 있다. 해킹은 현미경을 통해서 보는 것도 훌륭한 관찰의 경우라고 주장한다. 관찰이라는 것은 직각적이거나 수동적인 성격의 보는 것과 같이 감각 데이터가 주어지는 것이라기보다는 오히려 숙련된 기술이다. 다른 숙련된 장인들의 경우에서와 같이 관찰자도 새로운 도구들의 개발과 사용에 관심을 갖는다.[**] 어떤 대상, 사건이나 사태를 관찰한다는 것은 대부분의 경우에 어떤 도구들과 이 도구들에 대

---

[*]   Hacking, I., "Do We See Through a Microscope?" in B. A. Brody & R. E. Grandy (ed.), *Readings in the Philosophy of Science*, 2d. ed.(Englewood Cliffs: Prentice Hall, 1989), 31.

[**]   같은 곳.

한 많은 지식을 필요로 한다. 우리는 단지 접안렌즈에 눈을 대고 보는 행위만이 아니라, 여러 행위에 의해서 현미경을 통하여 관찰하는 것을 배운다. 우리는 세포의 특수한 부분에 용액을 현미 주사한다. 큰 플런저에 미동나사를 살며시 돌린다. 전반적인 행위, 다시 말해서 단지 보는 것(looking)이 아니라 *일반적으로 행위*(doing)가 도구나 준비과정에 의해서 인공적으로 만들어져 보이는 것과 (현미경을 통해서 보이는) 진짜 구조 사이에 대한 우리의 분별력을 만들어준다.*

해킹의 생각에 의하면, 맨눈으로 볼 수 없는 어떤 대상을 우리가 현미경을 통하여 관찰할 수 있고, 그 대상과 상을 만드는 방사물 사이의 여러 상호작용의 지도인 확대된 상을 본다. 감각기관만을 사용하는 지각행위도 물론 관찰의 한 경우이지만, 관찰은 보다 더 복합적 행위-즉, 어떤 대상을 조작하거나 그것과 상호작용하는 것, 그리고 그 대상이 야기한 어떤 것을 현미경과 같은 도구들을 사용하여 지각하는 것 등등의 복합적 행위-인 것으로 이해되어야만 한다. 그래서 X는 만일 그것이 어떤 상황들 아래에서 우리 앞에 놓였을 때, 우리가 바로 앞에서 살펴본 그러한 의미로 관찰하는 그런 상황이 존재한다면, 관찰 가능하다. 관찰 가능한 것들에 대한 이 개념은 어떤 것이 관찰 가능한 대상이라면 전혀 도구의 도움 없는 감각기관들에 대해 개체로서의 자신의 모습을 드러내야만 된다는 그런 조건을 필요로 하지 않는다.

해킹은 현미경을 통해서 보는 것도 훌륭한 관찰의 경우라는 것을 보여주기 위하여 다음과 같은 "격자 눈금" 논증을 제시한다. 맨눈으로는 거의 볼 수 없는 아주 작은 격자 눈금이 들어 있는 금속 박편을 다음과 같이 만든다. 종이 위에 펜과 잉크로 큰 격자 눈금을 그린다. 그 격자 눈금이 갖는 각각의 네모 코너에 문자들을 적어 넣는다. 그다음에 표준 기법들을 사용하는 사진

---

*   같은 책, 31-32.

술로 그 격자 눈금을 축소시키고 그 미세한 사진에 금속을 집어넣는다. 그다음에 아주 작은 그 금속 박편을 여러 종류의 현미경을 통하여 볼 때, 원래 처음에 그려 넣고 적어 넣은 것과 정확히 같은 모양들과 문자들을 우리가 본다. 여기서 아주 작은 그 박편이 실제로는 문자들이 들어가 있는 격자 눈금의 구조를 가지고 있지 않다고 생각하는 것은 불가능하다. 왜냐하면, 우리가 그 박편을 정확히 그러한 형태로 만들었기 때문이다. 더군다나 서로 다른 물리적 과정들을 사용하는 여러 종류의 현미경을 통하여 우리는 같은 결과를 확인할 수 있다. 결론적으로, 문자들이 들어가 있는 아주 작은 바로 그 격자 눈금 구조를 그 박편이 가지고 있다는 사실을 부정하기는 불가능하다. 어느 누가 이 경우에 대해서 반실재론자가 되기 위해서는 현미경에 관한 데카르트주의자식의 악마를 인정해야만 할 것 같다. 다시 말해서, 그러한 사람은 현미경 사용에 근거한 어떤 결론도 아무 이유 없이 단순히 거부하는 사람일 것이다. 그래서 현미경들을 통해서 관찰된 격자 눈금 구조가 금속 박편에 있는 실재 구조라는 신념이 정당화된다고 해킹은 주장한다. 그는 현미경을 통하여 관찰된 자연 표본 구조의 실재성에 대한 신념도 "격자 눈금" 경우에서 우리가 살펴본 것의 연장선상에서 마찬가지로 정당화된다고 주장한다. 이 논증을 바탕으로 어떤 대상이 현미경을 통하여 관찰되었을 때, 우리는 그 대상이 실재한다는 것을 안다고 해킹은 주장한다.

밀러도, 그의 책 *Fact and Method*(Princeton: Princeton University Press, 1987) pp.465-69에서, 현미경과 관련된 실재론을 옹호한다. 현미경을 통하여 아주 작은 관찰 가능한 것을 볼 때, 우리는 보다 크게 확대된 상을 통하여 그것의 세부적인 것들을 자세히 식별한다. 모든 경우에 있어 현미경은 확대된 상을 만들 수 있다. 그러므로 만일 현미경 없이는 볼 수 없는 어떤 것을 확대된 상을 통하여 우리가 본다면, 원래 너무 작아서 볼 수 없는 어떤 것을 보고 있는 것이다. 그런 까닭에 (맨눈으로) 관찰 불가능한 대상들 전부에 대해서 실재성을 믿지 않는 것은 적절하지 않다. 그래서 일부 (맨눈으로) 관찰 불가능한 대상들이 실재한다는 신념이 정당화된다.

PART **04**

해킹의
실험 실재론

과학적
실재론

1. 해킹의 실재론

해킹은 이론에 주목할 때 실재론이 전적으로 옳거나 그르다는 것을 보여주는 결정적 논증이 없는 것 같다고 생각한다.* 그리고 그는 이론에 대해서 이론이 *옳다*는 신념이 아니라, 이론이 *옳을 것 같다*는 신념에 대한 좋은 근거를 갖는다고 주장한다. 한편, 이론적 대상에 관한 실재론에 대해서도 이론과학의 수준에서 그것을 결정적으로 입증하는 논증이 존재하지 않는 것 같다고 생각한다. 그렇지만 해킹은 실험과학의 수준에서 이론적 대상에 대한 실재론을 위한 결정적 논증이 있을 수 있다고 생각한다. 그는 지식론적 수준에서 '대상 실재론(Entity Realism)' 그리고 '실험 실재론(Experimental Realism)'을 주장한다.

해킹은 현미경으로도 관찰할 수 없는 전자, 양전자와 같은 일부 이론적 대상들이 실제로 존재한다는 신념이 실험행위로부터의 증거에 의해서 정당화

---

*   Hacking, 1986, 139 & 143-45.

된다고 주장한다. 실험행위의 어떤 근거 위에서 그런 신념이 정당화된다고 해킹은 생각하는가? 우리가 전자와 같은 일부 이론적 대상들을 물리적 세계의 다른 부분에 직접적으로 변화를 야기하는 실제 도구로 사용할 수 있다는 것이다. 즉, 실험에서 그런 대상들을 조작(manipulation)할 수 있다는 것이다.

해킹의 이 주장을 명확히 이해하기 위하여, 그가 제공하고 있는 두 가지 예들을 살펴보자. 첫째로, 해킹은 스탠포드 대학교에서 연구하고 있는 라루(LaRue), 페어뱅크(Fairbank)와 히밧(Hebard)이 '자유' 전자를 찾기 위한 밀리컨의 실험 방법의 기본적 생각을 채택하여, '자유' 쿼크를 찾기 위한 실험을 어떻게 실행하고 있는가를 설명한다. 그 실험은 니오브 볼의 전하를 바꾸어주는 절차를 필요로 하는데, 전하를 증가시키기 위하여 니오브 볼에 양전자를 뿌리고, 전하를 감소시키기 위하여 니오브 볼에 전자를 뿌린다. 이 경우에서, 해킹은 그 실험과학자들이 전자와 양전자를 니오브 볼에 변화를 야기하는 실제 도구로 사용하기 때문에 이런 이론적 대상들이 실재한다는 신념이 정당화된다고 주장한다.

해킹이 제공한 두 번째 예는 분극 전자총 PEGGY II 경우이다. 해킹은 다음과 같이 말한다.

…… [양자 전기 역학은] 힘들 모두가 어떤 종류의 입자에 의해서 '운반된다'고 가정한다. …… [중성] 보존이 약 상호작용에서의 운반자로 가정되었다. …… 최근 고에너지 물리학의 괄목할 만한 발견은 우기성의…… 깨짐이다. …… 나는 전자들이 스핀을 갖는다는 사실을 알고 있었다. …… 만일 입자들 모두가 빔과 같은 방향의 스핀 벡터를 갖는다면, 그것들은 우선회의 선형 분극을 갖는다. 반면에, 만일 스핀

벡터가 빔 방향과 반대라면, 그것들은 좌선회의 선형 분극을 갖는다. …… 우기성 위반에 대한 본래의 발견은 한 입자 붕괴의 일종의 산물, 이른바 뮤온 뉴트리가 오직 좌선회의 분극에서만 존재한다는 사실을 보여주었다. …… 네 종류의 힘에 대해서 주목할 만한 와인버그-샐럼 모델은…… 약 중성 상호작용에서의 미세한 우기성 위반을 함의한다. …… 예측은 다음과 같다: 어떤 목표물에 부닥치고 있는 좌선회의 분극 전자들이 우선회의 전자들보다 조금 더 흩어질 것이다. …… 우리는 각 펄스에서 대단히 많은 전자들이 방출되는 것을 필요로 한다. …… 그…… 시도는 PEGGY Ⅱ……라고 불리는 장치를 사용하였다. …… 정주파수를 갖는 원편광이 [갈륨비소라는 결정체를] 때리면, 갈륨비소는 많은 선형 분극 전자들을 방출한다. …… PEGGY Ⅱ는 [전자들의 분극에 대한 기존의 양자역학적 이해와] 갈륨비소가 그것의 결정 구조의 특질에 기인하여 많은 전자들을 방출한다는 사실을 이용한다. 그다음에 약간의 기술적 절차가 진행된다. 그것은 표면으로부터 전자를 유리시키는 작업이다. …… 원편광 펄스가 갈륨비소 결정을 때리면, 선형 분극 전자들로 이루어진 펄스가 만들어진다. 그 펄스를 그것의 진행에 따라 분극의 비율을 체크하는 장치에 관통시킨다. …… [결과는] 좌선회의 분극 전자들이 우선회의 분극 전자들보다 중수소로부터 빈번히 약간 더 흩어졌다. 이것이 약 중성류 상호작용에 있어 우기성 위반에 대한 첫 번째 입증 사례였다. [결과적으로, 우리는 전자의 실재성에 대해서 충분히 확신하게 되었다. 왜냐하면, (아직 가정적인) 전자의 잘 알려진 여러 인과적 성질-전자가 스핀을 갖는다는 사실, 분극작용에 대한 전자의 성질들에 관한 사실 등등-을 물리적 세계의 다른 보다 더 가정적인 부분에 영향을 미치도록, 즉 약 중성류 상호작용에 있어 우기성 위반을 결과하도록 그 인과적 성질들을 사용하는 새로운 장치 PEGGY Ⅱ를 우리가 만드는 데 성공하였기 때문이다.]*

여기서 해킹은 PEGGY Ⅱ라는 장치에서 전자를 실제 도구로 사용할 수 있기 때문에 전자의 실재성에 대한 신념이 정당화된다고 주장한다. 보다 더 정확히 말하자면, 우리가 약 중성류의 상호작용에서, 즉 물리적 세계의 다른 부분에서 우기성 위반을 결과케 하는 전자의 인과적 성질들을 사용할 수 있기 때문에, 전자의 실재성이 정당화된다는 것이다. 전자의 실재성에 대한 정당화의 직접적이고 충분한 근거는 그것의 잘 알려진 인과적 성질들**을 사용하여 물리적 세계의 다른 부분에 우기성 위반을 결과하도록 해주는 전자에 대한 우리의 조작능력이다.

2. 해킹 실재론의 결점 메우기

해킹은 "우리가 X를 인과적 도구로 사용한다"라는 전제로부터 "X가 실재한다"라는 결론으로 추리한다. 어느 누구도 이 추리의 정당성을 부정하지 않을 것이다. 그것을 부정하는 유일한 방식은 전제가 주장하는 바가 "X가 마치 인과적 도구로 작동하는 것처럼 보인다"와 같은 것으로 그 전제를 재

---

*　　Hacking, 1986, 265-70. 정확한 이해를 위하여 묶음표 안의 내용을 필자가 첨가하였다.

**　　여기서 (아직 가정적인) 전자에 대해서 잘 알려진 인과적 성질들이란 이론적으로 이해된, 즉 다분히 가정적으로 믿어지고 있는 인과적 성질들이 아니라 표준적 입증 절차 또는 실험 등을 통해서 입증된 인과적 성질들을 말한다. 한편, 전자에 대한 조작 능력이란 전자 가설 전체가 조작적으로 성공적이라는 것을 의미하는 것이 아니라, 우리가 전자를 뿌리거나 쏘고 그 인과적 결과들을 확인할 수 있는 능력을 가지고 있다는 것을 말한다.

해석하는 것이다. 반 프라센
과 같은 반실재론자들의 반
론은 '우리가 X를 사용하고
있다는 것을 어떻게 아는가'
에 대해서 일어날 수 있다.
해킹은 이 문제를 끄집어내
기보다는 오히려 우리가 전
자를 뿌리거나 쏘고 있다는

●● 밀리컨의 유적실험

것을 명백한 사실로 간단히 여겨버린다. 그는 간단하게 이 문제 전부를 피해
버린다. 두말할 필요 없이 이것은 해킹의 대상 실재론이 충분히 만족스러운
상태가 아니라는 것을 드러내고 있다. 따라서 해킹의 견해를 보다 더 믿을
만한 것으로 만들기 위하여 필자는 이론이 가정하는 대상들을 실제로 사용
하고 있다는 사실을 우리가 어떻게 아는가에 대한 설명을 제공하고자 한다.

첫째로, 표준적인 입증절차와 실험의 반복적 실행을 통하여 전자이론에
있어 가정된 전자의 인과적 성질들-그런 전자는 스핀을 갖는다, 전자들은
분극한다, 전자, 즉 전기의 원자는 기본 전하를 갖는다 등등-에 대한 우리의
이해가 깊어진다. 예를 들어, 밀리컨의 실험에 의해서(실제로는 그 실험 뒤에
여러 과정을 거쳐서) 일정한 기본 최소 전하(1.602×10^{-19}C)를 측정하였을 때,
우리는 가정된 전자의 한 인과적 특성에 대해서 확신하게 되었다.

즉, 그런 전자가 기본 최소 전하를 갖는다고 우리가 확신하게 되었다.* 밀
리컨 실험의 의의 중의 하나는 우리가 유체(fluids)가 아니라 개별 대상들
(entities)을 다루고 있다는 사실을 확신시켜 주었다는 점이다. 이것은 어느 정

---

* 전자는 오랫동안 단위 전하를 갖는 것으로 여겨져 왔다. 우리는 e를 그 전하의 이름으로 사용한다. 소립자물
리학은 더 나아가 1/3 e 전하를 갖는 쿼크라는 대상을 새로 제안하였다.

도까지는 전자들을 개체화하는 데 중요한 역할을 했다. 밀리컨 실험은 전자가 입자일 것 같다(particle-like)는 것을 확신시켜 주었다. 이제 우리는 스탠포드 과학자와 PEGGY Ⅱ 과학자들이 사용하는 각각의 실험장치의 한 부분에서 발생하는 그런 전자의 한 인과적 성질, 즉 기본 최소 전하(1.602×10^{-19}C)를 정교한 기구로 측정할 수 있다. 그들 각각의 실험에서 분무기 또는 전자총 PEGGY Ⅱ로 그 어떤 부분에 조작을 마친 다음에 우리는 그 전하를 측정할 수 있다. 그런 까닭에, 이 실험과학자들이 전자이론에 의해서 부분적으로 기술되고 있는 바로 그 전자들을 인과적 도구로 사용하고 있다는 사실을 우리가 알게 된다. 그 과학자들이 다른 어떤 것을 사용하고 있는 것이 아니다.

둘째로, 스탠포드 과학자의 실험에서 니오브 볼의 전하를 바꾸어주기 위하여 그 실험과학자들은 물, 가스, 분말 등을 분무하는 보통의 분무기와 기본적 작동원리에 있어 다를 바가 없는 한 분무장치를 사용하고 있다. 그래서 우리는 스탠포드 과학자의 분무장치가 대상(entity)을 뿜어 뿌리고 있다고 충분히 믿을 수 있다. 왜냐하면, 그것과 아주 유사한 분무 방식을 갖는 보통 분무기들이 물리적 사물들을 뿜어 뿌리고 있다는 사실을 우리가 알기 때문이다. 또한, PEGGY Ⅱ는 보통의 총들과 기본적 원리에 있어 아주 유사한 발사방식을 갖는 분극 전자총이다. 보통 총들이 총알을 쏘는 것처럼, 그것은 대상(entity)을 쏜다. 그런 까닭에, 그 과학자들이 전자이론에 의해서 가정되고 인과적 성질들을 갖는 대상으로서의 그런 전자를 뿌리거나 쏘고 있다는 사실을 우리가 안다.

가정된 전자를 조정하고 그것의 특성들을 알고, 만들고, 관찰할 수 있음이 틀림없기 때문에, 전자이론에 의해서 부분적으로 기술된 그런 전자를 정말로 사용하고 있다는 것을 우리가 안다고 필자는 주장한다. 결과적으로, 필자는 앞에서 살펴본 해킹의 추리-전제 "우리가 전자를 인과적 도구로 사용한다"로부터 결론 "전자가 실재한다"로의 추리-에 대해서 반 프라센과 같은 반실재론자들이 내놓을 것 같은 반대, 즉 전자를 인과적 도구로 실제 사용하고 있다는 것을 우리가 알지 못한다는 반대에 대답하였다. 따라서 전자를 인과적 도구로 정말 사용하고 있다는 사실을 우리가 어떻게 아는가에 대한 필자의 설명이 전자의 실재성에 대한 신념의 정당화에 관한 해킹의 추론에 첨가된다면, 전자의 실재성에 대한 신념의 정당화가 확고하게 이루어질 수 있다고 필자는 생각한다.

3. 해킹의 특수 실재론

이론과학이 아니라 실험과학에 주목하면서, 해킹은 이론의 설명적 또는 예측적 성공과 같은 이론들에 대한 사실로부터 시작하는 추리, 다시 말해서 '최선의 설명으로의 추리'와 같은 그런 일반적 수준의 추리를 채택하지 않는다. 그는 본질상 국지적 성격을 갖는 추리, 즉 "무엇이 무엇을 야기하고 있는가?" 등등과 같은 특수한 사실들에 주목하여 행해지는 추리들을 채택한다.

한편, 그는 (지식론적 수준에서) 전자에 대해서는 강한 의미로 실재론자이지만, 쿼크에 대해서는 강한 의미로 실재론자가 아니다. 해킹은 실험에서 조작할 수 있는, 즉 세상의 다른 부분에 직접적으로 변화를 야기하는 실제 도구로 사용할 수 있는 일부 이론적 대상들에 대해서 완벽한 의미로 실재론자이다. 그는 '그런 대상들이 *실재한다*'는 신념이 그것들의 조작 가능성, 즉 인과적 도구로 사용함을 충분한 근거로 하여 정당화된다고 주장한다. 그러나 해킹은 일부 다른 이론적 대상들, 즉 그것들에 관한 가설이 시험되고 있을 뿐이거나, 그것들의 어떤 물리량이 측정되고 있을 뿐인 이론적 대상들에 대해서 완벽한 의미로 실재론자가 아니다. 이 경우들에 대해서 해킹은 완벽한 의미가 아니라 오직 *약한 의미*로만 실재론자이다. 그는 그런 이론적 대상들에 관한 가설에 대한 시험의 성공 또는 물리량의 성공적 측정을 토대로 '그것들이 *실재할 것 같다*'는 신념을 가질 수 있을 뿐이라고 주장한다. 예를 들어, 기본 최소 전하 측정을 위한 밀리컨 실험의 기본적인 생각을 채택하여 '자유' 쿼크를 탐구하고자 하는 스탠포드 과학자들의 실험에 관련하여, 해킹은 전자에 대하여 완벽한 의미로 실재론자이다. 왜냐하면, 스탠포드 실험 과학자들이 니오브 볼의 전하를 변화시켜 주는 실제 도구로 전자를 사용하고 있다는 전자의 실재성에 대한 충분한 근거를 우리가 가지고 있다고 그는 믿기 때문이다. 그렇지만 해킹은 그 과학자들이 탐구하고 있는 쿼크에 대해서는 완벽한 의미로 실재론자가 아니다. 해킹은 또한, 과학자들이 전자총 PEGGY Ⅱ를 사용하면서 약 중성류 또는 중성 보존을 탐구하고 약 중성류 상호작용에서 우기성 위배를 탐지하고자 하는 실험과 관련하여, 약 중성류와 중성 보존에 대하여 아직 실재론자가 아니다. 그는 중성 보존의 실재성에 대한 신념이 훗날 다른 것들을 탐구하기 위하여 그것을 실험에서 조작할 수 있을 때 충분히 정당화될 수 있을 것이라고 생각하고 있지만, 어쨌든 그 신념이 지금은 정당화되지 못한다고 생각한다. 그렇지만 그는 전자의 실재성은 그 PEGGY Ⅱ 예에서도 실험과학자들이 전자의 잘 알려진 인과적 특성들을 사용하면서 전자를 잘 조작하고 있기 때문에, 완벽히 정당화된다고 주장한다. 그래서 그는 특히 전자의 경우에는 (완벽한 의미의) 실재론자이지만, 특히 *쿼크, 중성 보존, 약 중성류*의 경우들에는 (완벽한 의미의) 실재론자가 아니다.

　　해킹은 '특수 실재론(realism-in-particular)'과 '일반 실재론(realism-in-general)'을 구분한다.

이 구분을 이해하기 위하여 해킹이 카트라잇으로
부터 인용한 것을 살펴보자:

●● 카트라잇

　　…… 광전효과에 대한 아인슈타인의 연구발표
뒤에 줄곧 광자는 빛에 대한 이해를 위해서 없어
서는 안 될 필수적 요소가 되어왔다. 그러나 윌
리스 램과 그의 동료들과 같은 진지한 광학 연구
자들은 보다 깊은 이론이 광자는 기껏해야 당대
의 이론들에 의해서 만들어진 허구라는 것을 보여주는 것 같다고 주
장하면서, 광자의 실재성을 의심한다. 램은 빛에 관해서 현존하고 있
는 이론이 아주 다르다고 이야기하는 것은 아니다. 보다 깊은 이론도
우리가 지금 빛에 대해서 믿고 있는 것의 대부분을 그대로 유지할 것
이다. 그렇지만 그 이론은 우리가 광자와 연관 지어 생각하고 있는 결
과들을, 분석을 토대로, 자연의 다른 국면들, [즉 광자와 연관되지 않
는 결과들]로 이해된다는 것을 보일 수 있을 것 같다. 그런 과학자는
얼마든지 일반적으로 실재론자이면서, 특히 그 광자의 경우에 대해
서는 반실재론자일 수 있다. …… 그런 국지적 반실재론은 광학과 관
련되어 나타난 것이지, 철학과 관련되어 나타난 것이 아니다. …… 그
것은…… '과학적' 발견이었지, '철학적' 발견이 아니었다.*

　해킹은 일반 실재론이 과학 이론과 이론적 대상들에 대한 다음과 같은 일
반적 주장이라고 생각한다. 과학 이론은 진리 대응설의 의미로 옳거나 그르
다; 과학은 진리 획득을 적어도 목표로 삼고, 훌륭한 이론들은 (대략적으로)

---

* 　Hacking, 1986, 29-30.

옳다; 그리고 그런 이론들이 가정하는 이론적 대상들은 실제로 존재한다. 그리고 해킹은 "일반 실재론이 과거 형이상학과 최근 언어철학과 더불어 확산된 것이다"*고 생각한다. 필자도 일반 실재론이 이론적 대상 일반의 실재성에 대한 주장을 포함하고 있기 때문에, 존재 일반의 본성에 대한 학문 분야인 전통적 형이상학과 연관되어 있다고 생각한다. 그리고 일반 실재론은 과학 이론이 진리 대응설의 의미로 옳거나 그른 진술들의 집합이라는 주장을 포함하고 있기 때문에, "한 문장이 옳다는 것은 무엇을 의미하는가?" 또는 "'진리'라는 용어의 의미는 무엇인가?" 등의 문제를 주된 쟁점들 중의 하나로 생각하는 최근 언어철학과 긴밀한 관계를 지니고 있다. 예를 들어, 전자에 대한 특수 실재론은 전자가 실제로 존재한다는 주장이다. 그리고 광자에 대한 특수 반실재론은 광자가 실재하지 않고 현재 이론들이 만들어낸 허구에 지나지 않는다는 주장이다. 해킹은 국지적 실재론 또는 반실재론은 철학이 아니라, 특수 과학들과 관련되어 나타난 것이라고 생각한다. 광자에 대한 특수 반실재론은 광학으로부터, 원자에 대한 특수 실재론은 입자 물리학 또는 화학으로부터 나타난 것이다.

　해킹은 윌리스 램과 같은 과학자들이 일반적으로 실재론자-훌륭한 이론들이 가정하는 대상들은 일반적으로 실재한다고 믿는-이면서, 특히 광자의 경우에 대해서는 반실재론자-광자는 실재하지 않고 현재 이론이 만든 허구일 뿐이라고 믿는-일 수 있다고 주장한다. 그래서 해킹은 특수 실재론이 일반 실재론으로부터 구별될 수 있음이 명백하다고 주장한다. 그러나 그는 또한 일반 실재론과 특수 실재론이 서로 영향을 주고받을 수 있다고 주장한다. 금세기에 원자에 대한 특수 실재론은 물리학과 화학의 주된 쟁점들 중의 하나였다. 그렇지만 원자 또는 분자에 대한 실재론은 과학철학의 주된 쟁점들

---

*　　같은 책, 31.

중의 하나였다는 것도 사실이다. 해킹이 주장하듯이, "한 종류의 대상에 대한 국지적 문제를 벗어나, 원자와 분자는 실재하는 (또는 단순히 허구적인) 이론적 대상의 주된 후보들이었다."* 결론적으로, 일반 실재론이 특수 실재론과 분명히 구별될 수 있고, 한편 두 실재론은 서로 영향을 주고받음에 틀림없다고 해킹은 주장한다.

해킹은 "특수 실재론이 일반 실재론의 방향을 결정할 정도로 [실재론/반실재론] 토의에 압도적 역할을 할 수 있다"**고 주장한다. 그 이유는 특수 실재론이 특수과학과 함께 확산된다는 사실 때문이다. 따라서 특수 실재론은 일반 실재론보다 훨씬 더 자연의 사실들을 표현하고 있다. 최근의 논문 "Philosophers of Experiment"에서, 해킹은 일반 실재론, 즉 과학 이론과 이론적 대상들에 대한 포괄적 실재론은 역사적 사실들과 반대자들의 논증들에 맞서 지탱될 수 없다고 주장한다. 필자가 생각하기에, 우리는 과학의 역사 속에서 여러 이론에 관련하여 오랫동안 유지되었던 대상들의 실재성이-다음과 같은 에테르의 경우에서 볼 수 있듯이- 반증되는 여러 사례를 분명히 확인할 수 있다:

> 뉴턴의 에테르는…… 아주 오묘했었다. 그것은 많은 것들을 가르쳐 주었다. 맥스웰은 에테르 속에서의 전자파를 가르쳤고, 헤르츠는 전파의 존재를 증명함으로써 에테르의 [존재를] 입증하였다. 마이클슨은 에테르와 상호작용하는 방식을 고안해냈다. 그는 그의 실험이 스토우크의 에테르 저항이론을 입증한다고 생각했다. 그러나 그의 실험은 끝에 가서 에테르가 실재한다는 생각을 포기하도록 해준 많은

---

*   같은 책, 30.
** 같은 책, 31.

●●뉴턴

것들 중의 하나가 되었다.*

　필자는 또한 일반 실재론에 대한 비판들이 설득력을 지니고 있다고 생각한다. 과학의 역사는 '플로지스톤이론'의 경우가 보여주는 바와 같이, 주로 '최선의 설명으로의 추리'를 바탕으로 진리성을 믿었던 이론들이 뒤에 반증되는 경우들을 많이 보여주고 있다. 그리고 해킹은 특수 실재론 각각의 문제가 특수과학들의 연구와 발전에 따라 해결된다고 적절하게 주장한다.** 그래서 특수과학들과 관련을 맺고 있는 특수 실재론이 철학과 관련을 맺고 있는 일반 실재론의 방향을 결정할 만큼 [실재론/반실재론] 토론에 압도적 역할을 할 수 있다는 해킹의 주장이 적절하다고 필자는 생각한다. 그런 까닭에, 해킹은 특수 실재론에 보다 많은 관심을 기울인다.

　해킹의 '특수실재론(realism-in-particular)'에 대한 강조는 포스트모던 과학철학의 특질과 잘 어울린다.

① 과학철학에서의 모던성 vs. 포스트모던성

　과학철학에서 모더니즘과 포스트모더니즘은 서로 다른 특질들을 지니고 있다. 모던 과학철학의 중심 생각은 "무엇이 탐구를 (또는 그것의 결과를) 과학적으로 만드는가, (즉 무엇이 *성공적인* 과학을 만드는가)에 대해서 잘 설명해주는 하나의 통일된 이론이 꼭 있어야 한다는 것이다."*** 그리고 "그런 통일된 이론의 의의는, 실증주의자들이 제안한 합리적 재구성처럼, 그것이 관여

---

*　　같은 책, 275.
**　　같은 책, 31.
***　　Rouse, J., "The Politics of Postmodern Philosophy of Science", *Philosophy of Science* 58(1991): 608.

하는 범위가 일반적이어서 과학의 자율성과 과학의 문화적 권위를 정당화한다는 것이다."* 문학이론에서 이 모더니스트의 이상을 '주인 이야기(the master narrative)'라고 부른다. 전통적 실재론자들이 입증에 대한 형식적 이론을 구축하고자 하는 실증주의자의 시도들에는 일반적으로 반대하였지만, 전통적 실재론 역시 이 모던 전통 속에 들어간다. 전통적 실재론자들은 여전히

•• 쿤

과학이 귀추법(abduction)**이라는 특유의 한 논증형식을 채택하고 있는 것으로 생각한다. 그들은 이 귀추논증형식을 통하여 성숙된 과학의 이론들이 옳다, 즉 정신과 독립적인 실재 구조를 반영한다고 믿는다. 따라서 귀추논증형식이 성숙된 과학의 권위와 자율성을 정당화시켜 준다고 생각한다.***

더 나아가 쿤의 '상대주의'-경쟁하는 이론들 사이에서 어떤 이론을 선택해야 하는가에 대한 우월한 기준이 있고 그 기준에 근거하여 선택된 이론은 이 세상에 대한 진리를 표현하고 있다는 합리주의에 반대하여 그러한 기준은 존재하지 않는다는 주장-와 파이어아벤트의 '반과학적 사고'-문화의 여러 영역 중에 과학이 우월하다는 신념에 대한 정당성을 주장하는 실증주의자와 실재론자에 반대하는 생각-도 모던 전통에 속한다. 왜냐하면, 그들도 역시 과학의 자율성과 문화적 권위의 확보를 위해서는 그것들을 합법화하는 하나의 통일된 이론이 필요하다는 생각에 동의하기 때문이다. 이런 동의 때문에, 실증주의자와 실재론자의 그러한 합법화 시도의 실패를 바탕으로

---

* 　같은 곳.

** 　뒤에 '최선의 설명으로의 추리(Inference to the Best Explanation)'로 불린 추리 형식.

*** 　Rouse, 1991, 608.

그들은 과학의 우월성에 반대하는 입장을 가질 수 있었다.*

결론적으로, 모던 과학철학의 중심 생각은 '통일된' (또는 포괄적) 그리고 '철학적', (즉 실증주의적 또는 실재론적) 이야기가 무엇이 탐구 (또는 그 결과)를 과학적으로 만드는가에 대한 지침으로 작용해야 하고, 이 지침은 '일반적' 적용 범위를 가져야 한다는 것이다. 따라서 모던 과학철학의 첫 번째 특질은 성공적 과학의 정당성을 밝혀주는 *통일된* 또는 *포괄적* 그리고 *일반적* 이론의 정립에 대한 강조이다. 그리고 두 번째 특질은 어떤 탐구 (또는 그것의 결과)가 과학적인지 아닌지를 결정해주는 과학에 대한 지도 지침으로서의 *철학적* 이론에 대한 강조이다.

모던 전통에 반대하여 포스트모던 과학철학은 "합리성 또는 진리를 수단으로 과학의 정당성을 밝혀주는 포괄적 이론을 세우려는 시도에 반대하는 포스트실증주의 과학철학자들의 입장을 수용한다."** 포스트모던 과학철학은 실증주의자들의 과학에 대한 포괄적인 합리적 재구성과 전통적 실재론에 반대한다. 아울러 포스트모던 과학철학은 "포스트실증주의 과학철학자들이 실증주의와 전통적 실재론을 비판하여 얻은 이른바 상대주의적 또는 반과학주의적 결론들을 받아들이지 않는다."*** 포스트모던 과학철학은 쿤의 상대주의와 과학의 이른바 문화적 우월성을 인정하지 않는 파이어아벤트의 생각에 반대한다. 따라서 과학철학에서 포스트모던성은 모던성, 즉 무엇이 탐구 또는 그것의 결과를 성공적인 과학으로 만들어주는가에 대해서 잘 설명해주는 포괄적 이론이 꼭 있어야 한다는 생각을 거부한다. 반대로, 포스트모던 과학철학은 각각의 그런 경우들을 잘 설명해주는 각각의 *국지적* 이야

---

*   같은 곳. 이런 까닭에, 필자는 쿤과 파이어아벤트의 과학철학을 포스트모던 과학철학으로 분류하는 입장(예를 들어, 김욱동 교수의 「포스트모더니즘」, 『과학사상』 18호, 1996년, p.207에서의 견해)에 동의하지 않는다.

**   같은 논문, 609.

*** 같은 곳.

기들의 중요성을 강조한다. 그렇지만 포스트모던성은 과학의 자율성과 문화적 권위에 반대하지 않는다. 포스트모던 과학철학자들은 이것들이 과학 일반에 대한 포괄적인 이론 없이도 가능하다고 믿는다. 포스트모던 과학철학에서 '권위'는 적용범위가 국지화될 수밖에 없다. 합리성 또는 진리를 수단으로 과학의 정당성에 대한 포괄적 이론을 세우고자 했던 모던 과학철학의 시도에 반대하는 포스트모던 과학철학의 입장을 과학철학에서의 '반본질주의'라고 부른다.

포스트모던 과학철학은 성공적 과학의 정당성을 밝혀주는 (과학에 대한 지도 지침으로 작용하는) 철학적 이론의 필요성을 거부한다. 그리고 이것을 포스트모던 과학철학의 '과학에 대한 신뢰 태도'라고 부른다. 포스트모던 과학철학은 "전반적으로 좋은 이해를 제공하고 있는 과학을 신뢰하고, 또 우리의 일상적인 양식을 신뢰한다."* 이것은 포스트모던 과학철학이 파이어아벤트 같은 포스트실증주의 과학철학자들의 반과학적 결론에 찬성하지 않는다는 것을 보여준다. 그렇지만 과학에 대한 신뢰 태도가 과학 행위에 대한 철학적 반성과 비판의 여지가 전혀 있을 수 없다는 것을 의미하지는 않는다. 과학철학에 대한 포스트모던 접근 방식이 추구하는 것은 과학철학적 토의들이 실제의 과학적 행위들에 보다 더 많은 관심과 주의를 기울여야 한다는 것이다. '과학에 대한 신뢰 태도'를 통하여 과학의 합리적 승인 속에 실제로 무엇이 포함되어 있는가, 또는 보일의 말대로 무엇이 "현명한 사람의 승인"** 을 받을 만한 가치가 있는 것인가에 관한 이해를 얻을 수 있다는 것이다. 이러한 작업은 과학적 탐구와 관련된 다양한 맥락들, 즉 과학적 탐구가 그 안에서 진행되고 있는 역사적 그리고 당대의 많은 관련 맥락들에 관한 연구를

---

*   같은 논문, 612.
**   같은 논문, 624.

포함한다. 이러한 상세한 작업을 통하여 개개의 특별한 경우의 각각의 판단에 필요하고 적절한 국지적 그리고 *특수한* 기준들을 얻는다. 여기서 포스트모던 과학철학이 쿤의 상대주의에 반대한다는 것을 알 수 있다. 왜냐하면, 포스트모던 과학철학이 개개의 특별한 경우의 각각의 판단에 대한 국지적이고 특수한 기준들을 주장한다 할지라도, 어쨌든 과학에서 특별한 경우에 월등히 적절한 기준들이 존재한다고 주장하기 때문이다. 그러나 쿤은 과학혁명기에 이론 선택의 기준이 되는 것들은 모두 다 국지적이고 특수한 성격의 것들이라고 주장하지만, 그는 또한 개개의 특별한 경우의 각각의 선택에 관계하는 기준들 중에서 다른 것보다 근본적으로 월등히 나은 국지적 기준이 존재하는 것은 아니라고 분명히 주장한다. 따라서 포스트모던 과학철학은 특별한 경우 각각의 판단을 의미 있게 해주는 오직 '국지적'으로 적절한 기준을 가질 수 있고, 철학적 토의가 실제 과학의 행위들에 보다 더 많은 주의를 기울여야 한다고 주장한다. 그런 까닭에, 포스트모던 과학철학의 첫 번째 특질은 *특수한* 개개의 경우들의 판단에 적절한 국지적 기준을 강조하는 것이다(반본질주의). 두 번째 특질은 일반적인 철학적 이야기가 아니라, 실제의 구체적인 *과학적* 실행들의 중요성을 강조하는 것이다('과학에 대한 신뢰 태도').

필자는 포스트모던 과학철학의 특질들, 특히 과학 일반에 대해서 포괄적으로 잘 설명해주는 이야기에 대한 거부와 개개의 특별한 경우들의 판단을 위한 국지적이고 특수한 기준들에 대한 관심 등이 강한 흥미를 돋운다고 생각한다. 실제의 과학사는 모든 과학 분야 그리고 모든 수준의 이론들에 타당하고 그것들의 합당성을 밝혀주는 포괄적 이론을 찾는 것이 쉽지 않을 것 같다는 사실을 보여준다. 기껏해야 개개의 특수한 경우들의 각각의 판단에 관한 국지적 기준이 수립될 수 있을 뿐이다. 그렇지만 어떤 사람은 모든 과학

분야에 타당한 포괄적 합당화 이론을 갖는 것이, (예를 들어, 합리적 재구성 방법론을 갖는 것처럼) 방법론적으로 명백히 이점을 갖는다고 주장할 것이다. 그래서 그런 사람은 포스트모던 과학철학의 반본질주의보다 모던 과학철학의 본질주의를 선호할 것이다. 그렇지만 필자는 방법론적으로 편리하다는 사실 그 자체만이 그러한 통일된 합당화 이론이 발견될 수 있다는 것을 보장하지 못한다고 생각한다.

결론적으로, 과학철학에서 모던성의 특질들은 성공적인 과학에 대한 통일된 그리고 일반적으로 합당한 이야기와 어떤 탐구 또는 그것의 결과가 과학적인지를 결정해주는 철학적 지침을 강조하는 것인 반면에, 포스트모던성의 특질들은 개개의 경우들의 판단을 위해서 적절한 특수하고 국지적인 기초와 실제의 구체적인 과학적 실행에 대한 관심을 강조하는 것이다.

② 해킹 실재론의 포스트모던성

해킹의 실재론은 포스트모던 과학철학의 주요 특질들을 잘 지니고 있다. 첫째로, 그의 특수 실재론은 특수한 경우들 각각에 대한 판단의 국지적 기준들을 중요시한다. 그리고 해킹은 '최선의 설명으로의 추리'와 같은 포괄적 기준을 토대로 일반적으로 실재론을 정당화하지 않고, '무엇이 무엇의 원인이다' 등등의 본질상 국지적인 추리를 토대로 실재론을 정당화한다. 그는 성공적인 과학에 대한 통일된 그리고 일반적으로 합당한 이야기가 아니라, 개개의 경우들의 판단을 위해서 적절한 특수하고 국지적인 기초를 강조하고 있다는 점에서 포스트모던 과학철학의 '반본질주의'적 특성과 잘 어울린다.

둘째로, 해킹의 특수 실재론에 대한 강조는 과학철학의 이야기가 실제 특수과학들의 행위에 보다 더 많은 관심을 기울여야만 된다는 것을 함의한다. 이것은 일반적인 철학적 이야기가 아니라, 실제의 구체적인 과학적 실행의 중요성을 강조하는 포스트모던 과학철학의 '과학에 대한 신뢰 태도'라는 특성과 잘 어울린다. 결론적으로, 해킹의 '실험 실재론'은 포스트모던 과학철학에 속한다.

PART 05

해킹 실재론에 대한
비판과 대응

과학적
실재론

해킹은 지식론적 수준에서 상당히 많은 이론적 대상들의 실재성에 대한 신념이 정당화된다는 '대상 실재론(Entity Realism)'을 주장한다. 그리고 근거를 이론과학자의 행위로부터가 아니라, 실험과학자의 행위로부터 찾아야 한다는 '실험 실재론(Experimental Realism)'을 주장한다. 그러나 해킹의 실재론에 대해서 여러 비판이 일어났고 일어날 수 있다. 필자는 이 반대들을 비판적으로 검토하고, 이것들에 맞서 전자와 같은 이론적 대상들에 대해서 해킹이 제안한 '지식론적 과학–실재론(Epistemological Scientific Realism)'을 옹호하고자 한다.

1. 라투어와 울가의 비판

해킹은 이론에 주목할 때 실재론이 전적으로 옳거나 그르다는 것을 보여주는 결정적 논증이 있을 수 없다는 생각에 동의한다. 그렇지만 실험에 주목

●● Laboratory Life

할 때 (이론적 대상들에 대한) 지식론적 수준의 실재론을 위한 결정적 논증이 있고, 그 논증에서 충분한 증거가 어떤 이론적 대상들을 세계의 다른 부분들의 변화를 일으키는 실제 도구로 사용하는 것이라고 그는 주장했다. 간단히 말하자면, 해킹은 실험과학자가 지식론적 수준에서 실재론자이어야만 된다고 주장했다.

그러나 실험과학자는 실재론자이어야만 한다는 해킹의 주장에 반대할 사람들이 있다.

라투어와 울가는 그들의 책 *Laboratory Life*에서 실험과학 영역에서의 일종의 반실재론, 즉 구성론(constructionalism)을 제안한다. 그들의 생각에 의하면, 실재론자는 이론적 대상들이 정신적인 것과 독립해서 객관적으로 존재한다고 믿는다. 라투어와 울가에 의하면, 실재론자는 이론적 대상들과 과학적 사실들을 객관적인 것으로 여기고, 과학의 목표는 그러한 이론적 대상들을 발견하고 그러한 사실들을 기술하는 것으로 생각한다. 그러나 라투어와 울가는 반대하여 과학적 사실들은 객관적인 것이 아니라 구성되는 것이라고 주장한다. 그리고 그들은 여러 유형의 실험들로부터 이것을 알 수 있다고 주장한다. 그러한 실험작업에 기초하여 그들은 일종의 반실재론, 즉 구성론을 주창한다.

그들의 견해를 정당화하기 위하여 라투어와 울가는 "갑상선자극호르몬 방출호르몬(TRH) 예"를 제시한다. 그 예는 TRH의 화학구조를 밝힌 실험들에 관한 것이다. 1977년 노벨의학상은 기유맹과 샬리에게 공동으로 수여되었다. 그들은 포유동물의 시상하부에서 만들어지고 인간 내분비학상 매우 중요한 것으로 여겨지는 TRH의 화학구조를 밝힌 공로로 이 상을 받았다.

갑상선은 물질대사, 성장, 그리고 성숙에 관계한다. 갑상선은 뇌하수체에 의해서 분비되는 단백질인 갑상선자극호르몬에 의해서 활동한다. 갑상선자극호르몬 생산의 원인이 되는 것이 TRH이다. 텍사스 휴스턴에 있는 베일러 대학교 의과대학의 기유맹 연구팀과 뉴올리언스에 있는 재향군인병원과 튜레인 대학교의 샬리 연구팀이 격렬히 경쟁하고 있었다. 기유맹 연구팀은 갑상선자극호르몬 방출인자(Thyrotropin Releasing Factor)에 대한 그들의 발견을 발표했다. 샬리의 연구팀은 현재 널리 받아들여지고 있는 용어 "갑상선자극호르몬 방출호르몬(TRH)"을 사용하였다(라투어가 기유맹과 작업했었기 때문에 기유맹의 용어 TRF를 사용하기는 하지만, 오늘날 과학자들은 일반적으로 TRF가 아니라 TRH가 존재한다고 생각한다). 기유맹과 샬리의 실험들에 있어서 흥미로웠던 점은 그들이 화학구조 발견에 아주 새로운 방법을 사용했다는 것이었다. TRH를 직접 분석하여 그것의 화학구조를 발견하는 대신에, 두 팀은 TRH를 합성함에 의해서 그것의 화학구조를 발견하였다. 그들이 노벨의학상을 받은 이유들 중의 하나는 혁신적인 "합성에 의한 발견법"을 새로 창안해내었다는 것이었다. 그들이 이 새로운 방법을 개발했던 동기는 다음과 같이 TRH를 손에 넣기가 무척 힘들었다는 사실 때문이다:

한 시상하부는 약 20×10^{-9}그램 정도 미량의 TRH를 분비한다. 기유맹은 돼지 뇌를 가지고 작업했다. 500톤의 뇌가 시카고에 있는 임시 가축수용장들로부터 텍사스에 있는 실험실로 냉동장치를 갖춘 유개화차들에 의해서 운반되었다. 이 막대한 양의 돼지머리 국물로부터 80% 순도 1밀리그램의 TRH가 추출되었다. 샬리의 팀원들도 역시 미량의 최종 산물을 추출하기 위하여 200톤의 양 뇌를 가지고 시작했다. 표준적 방식의 화학분석을 위해서 필요한 양에 비하면 너무나 작은 양의 호르몬이 마련되었다.*

몇 차례 시행착오를 겪은 뒤에 그들은 TRH가 잘 알려진 세 가지 아미노 산들로 구성된 트라이 펩타이드(tri-peptide)라는 결론에 도달하였다. 이것들은 피로글루산(pyroGlu), 히스산(His), 프로산(Pro)이고, TRH는 이것들이 같은 비율로 구성된 것이다. 그들은 세 가지 아미노산들로 구성 가능한 여섯 가지 사슬들을 만들었고, 분석을 통하여 어느 것이 TRH처럼 작용하는가를 검사하였다. 그들은 그것들 중 한 사슬의 한쪽 끝을 조금 개조한 것이 TRH 와 아주 똑같이 작용한다는 것을 발견하였다: 피로글루산-히스산-프로-아 미드(Pro-NH2).

이 예로부터 라투어와 울가는 비록 과학적 실재론자가 과학적 사실들을 객관적이라고 간주할지라도, 실제로 그런 사실들은 구성되는 것이라고 주장한다. 이 TRH 예가 실제 실험과학의 전형적인 경우라고 생각하면서, 그들은 실험과학 영역에서의 반실재론자가 되었다. 그들은 "사실들의 실재세계가 존재한다; 과학의 목표는 이 세계를 기술하는 것이다; 사실들을 발견함으로써 그렇게 한다"**는 실재론자의 주장을 거부한다. 그래서 그들은 다음과 같이 말한다:

····· "실재"는 어떤 진술이 왜 사실이 되는가를 설명하기 위하여 사용될 수 없다. 왜냐하면 오직 어떤 진술이 사실이 되고 난 다음에야 [원인으로서가 아니라] 결과로서의 실재가 얻어지기 때문이다. 이것은 결과로서의 실재가 "객관성", 즉 "밖에 존재함"의 특성을 갖는 것

---

*   Hacking, I., "The Participant Irrealist At Large in the Laboratory", *British Journal for the Philosophy of Science* 39 no. 3(1988): 279.

**   같은 논문, 281.

으로 이해되는 것인지 아닌지에 관한 경우이다. 한 진술에 관하여 밖에 존재하는 것과 그것에 관한 진술로 나누어 생각할 수 있는 것은 바로 이 문제가 해결되기 *때문이다*: 그런 분리는 이 문제의 해결을 결코 선행해서는 안 된다.*

여기서 그들은 사실들이 존재하지 않는다고, 실재와 같은 그런 것은 존재하지 않는다고 주장하지 않는다. 그들은 사실들의 세계를 믿는다. 그러나 그들은 실재론자의 사실들에 대한 해석과는 달리, 사실들을 객관적인 것으로 생각하지 않는다. 대신에 미사회학적(microsociological) 과정들의 역사적 산물로 생각한다. TRH 예로부터 그들은 다음과 같이 추론한다. 포유동물의 시상하부에 의해서 극소량으로 분비되는 TRH라는 물질이 있다. 그리고 그것의 화학구조는 세 가지 아미노산들(피로글루산, 히스산, 프로아미드)로 구성된 트라이-펩타이드이다. 이것은 사실이다. 그러나 (보다 중요한 점을 정확히 말하자면) 그것은 사실이 되었다. 이처럼 과학적 사실은 구성된다.

필자는 사실에 관한 그들의 생각이 올바르지 못하다고 생각한다. 라투어와 울가에 따르면, TRH가 그러그러한 화학구조를 지니고 있다는 것이 1969년, 즉 특수한 일련의 실험결과 뒤에야 사실이 되었다. 다시 말해서, 1969년 뒤에서야 TRH가 그런 화학구조를 지니고 있다는 것이 옳은 것이 되었다. 그러나 필자는 그들이 진리(또는 사실)의 문제와 지식(또는 정당화)의 문제를 혼동하고 있다고 생각한다. 고등 척추동물이 존재하기 시작한 이래 계속 포유동물의 시상하부는 TRH를 분비해왔다. TRH가 그러그러한 화학구조를 지니고 있다는 것은 항상 사실이었고, 그래서 이 물질이 앞에서 기

---

* Latour, B. and Woolgar, S., *Laboratory Life: The Social Construction of Scientific Facts*(Beverly Hills and London: Sage Press, 1979), 180.

술한 화학구조를 지니고 있다는 진술은 항상 옳았다. 그런데 1969년에 그 화학구조가 기유맹과 샬리의 연구팀들에 의해서 알려지게 되었다. 다시 말해서, 1969년에 TRH의 화학구조가 그러하다는 사실에 관한 신념이 올바르게 정당화되었다. 1969년에 그 연구팀들이 한 일은 TRH가 그러그러한 화학구조를 지니고 있다는 사실을 만들어낸 것이 아니라, 이전부터 계속 사실이었던 것에 대한 정당화를 이룩한 것이다. 폐암 말기의 환자가 의사진단을 받고 난 뒤에서야 암에 걸렸다는 것이 사실로 되는 경우가 아닌 것처럼, TRH의 화학구조가 그러하다는 것이 그 연구팀들에 의한 정당화 작업 뒤에야 사실로 되는 것은 아니다.

그리고 비록 라투어와 울가가 TRH 예를 가지고 그들의 반실재론을 정당화할지라도, 해킹이 주장하듯이 TRH 예는 사실상 실제 실험과학이 어떻게 진행되는가를 보여주는 전형적인 예가 아니다.* 대부분의 유기화학 구조발견의 경우에, 실험과학자들은 물질들의 화학구조를 그것들의 합성이 아니고 분석에 의해서 발견한다. 일반적으로 분석을 위해서 필요한 양의 자연물질들이 충분히 존재한다. 그래서 유기화학자는 어떤 물질에 관한 과학적 사실, 즉 그 물질의 화학구조가 어떠하다는 것이 객관적 사실이라는 것을 의심할 필요가 없다. 이것은 실험과학자들이 라투어와 울가가 주창한 일종의 반실재론, 즉 구성론으로 이끌릴 필요가 없다는 것을 의미한다.

2. 홀콤의 비판

해킹은 이론과학의 수준에서 (이론적 대상에 관한) 과학적 실재론을 결정

---

*   Hacking, "The Participant Irrealist At Large in the Laboratory", 290.

적으로 입증하거나 반증하는 논증이 존재할 수 없고, 실험과학의 수준에서 (이론적 대상에 관한) 과학적 실재론을 결정적으로 입증하는 논증이 성립한다고 주장한다. 달리 말하자면, 상당히 많은 이론적 대상들이 실제로 존재한다는 신념이 이론으로부터의 논증들에 의해서는 충분히 입증되지 못하지만, 실험으로부터의 논증들에 의해서 충분히 입증된다는 것이다. 이것은 (그런 지식론적 과학-실재론에 대한) 실험으로부터의 논증이 이론으로부터의 논증에 독립적이라는 것을 함의한다. 홀콤은 그의 논문 "Hacking's Experimental Argument for Realism"에서 실재론에 대한 두 논증, 즉 (이론적 대상에 대한) 이론으로부터의 논증과 실험으로부터의 논증은, 서로 독립적이지 않다고 해킹에 반대한다. 그의 비판은 두 부분으로 구성된다. 첫째로, 홀콤은 "실험과학으로부터의 논증은 이론적 대상들에 대한 실재론을 입증하지만, 그것은 이론과학으로부터의 논증에 의존한다"*고 주장한다. 둘째로, 그는 "실험과학으로부터의 논증은 이론과학으로부터의 논증에 의존하지 않지만, 그것은 관련 이론과학에서 원래 가정한 그런 이론적 대상들에 대한 실재론을 입증하지 않는다"**고 주장한다.

그의 첫 번째 비판을 살펴보자. 홀콤은 전통적인 이론으로부터의 논증들이 이론과학의 성공으로부터 이론적 대상들의 실재성을 정당화한다고 말한다:

T. 만일 x라는 종류의 대상들을 가정하는 어떤 이론이(아마 특별한 종류의) 예측적 그리고/또는 설명적 성공을 획득하면, x들의 존재를 믿는 것에 대한 충분한 근거를 갖는다.***

---

*   Holcomb Ⅲ, H. R., "Hacking's Experimental Argument for Realism", *The Journal of Critical Analysis* 9, no. 1(1988): 2.
** 같은 곳.
*** 같은 논문, 3.

홀콤은 해킹이 T를 포기하면서 실험과학의 실제작업으로부터 이론적 대상들의 실재성을 정당화한다고 주장한다. 홀콤은 해킹의 실험으로부터의 논증을 다음과 같이 요약한다:

> E. 만일 x라는 종류의 이론적 대상들을 y라는 종류의 보다 더 가정적인 대상들을 탐지하기 위하여 실험적으로 조작한다면, x들의 존재를 믿는 것에 대한 충분한 근거를 갖는다.[*]

홀콤에 의하면, E의 주된 내용은 y를 탐구하기 위하여 x의 인과적 성질들을 사용함으로써 실험과학자는 x의 실재를 확신하게 된다는 것이다. 그리고 여기서 x와 y는 둘 다 이론적 대상들이다.

(완벽한 의미의 지식론적 과학-실재론에 대한) 실험으로부터의 논증이 이론으로부터의 논증에 의존하지 않는다는 해킹의 주장을 비판하기 위하여, 홀콤은 다음과 같은 서로 다른 두 상황들을 소개한다:

> S1. 조건 C에서, x들의 존재를 믿는 것에 대한 충분한 근거를 갖는다.
>
> S2. 조건 C 자체가 x들의 존재를 믿는 것에 대한 충분한 근거를 구성한다.[**]

홀콤은 S1과 S2가 다른 종류의 상황들이라고 올바르게 주장한다. S1에서는 조건 C가 x들을 믿는 것에 대한 충분한 근거를 *구성*하는 것이 아니라 *전제*로 한다. 그렇지만 S2에서는 조건 C 자체가 x들을 믿는 것에 대한 충

---

[*]   같은 곳.
[**] 같은 논문, 4.

분한 이유를 구성한다. 홀콤은 y들(예를 들어, "자유"쿼크들)을 탐구하는 실험에서 x들(예를 들어, 전자들)의 실험적 조작을 S2는 아니고 S1에서의 조건 C로 생각한다. 홀콤에 의하면, 앞의 E에서 실험적 조작가능성(Experimental Manipulability)은 그것이 전제가 되어 정당화하려는 결론을 이미 함의하고 있다. 전자들을 실험에서 도구로 사용할 때는 이미 그것들의 실재성에 대한 정당화가 이루어진 다음이라고 그는 주장한다. 다시 말해서, 전자들이 실험에서 사용되는 도구이기 *때문에* 그것들의 실재성이 정당화되는 것이 아니라고 홀콤은 주장한다.[*]

홀콤은 다음과 같이 묻는다: 실험적 조작 가능성이라는 조건에서, 언제 전자와 같은 그런 이론적 대상들의 실재를 믿는 것에 대한 충분한 근거를 갖는가? 그리고 그 경우에 무엇이 충분한 근거인가? 그의 대답은 다음과 같다. 물리학자들이 이론으로부터의 논증을 토대로 전자들의 실재에 관해서 정당하게 믿게 되면, 그들은 쿼크들과 같은 다른 (보다 더 가정적인) 대상들을 탐지하기 위하여 전자들의 사용을 착수한다. 홀콤에 의하면, 전자들의 실재성에 대한 충분한 근거는 다름 아닌 전자이론의 설명력 또는 예측력이다. 그래서 실험으로부터의 논증은 이론으로부터의 논증에 의해서 확보되는 이론적 대상들의 실재에 관한 정당화된 신념에 의존하기 때문에, (완벽한 의미의) 지식론적 과학-실재론을 위한 실험작업으로부터의 논증은 이론적 성공으로부터의 논증에 의존한다고 홀콤은 결론 맺는다.

그렇지만 이 비판은 올바르지 않다고 생각한다. 홀콤은 어떤 이론이 가정하고 있는 이론적 대상의 실재성에 대한 완벽한 정당화가 그 이론의 설명적 또는 예측적 성공으로부터 이루어진다고 주장하지만, 그의 주장은, 이미 앞의 2장 2절에서 살펴보았듯이, 반 프라센의 비판-한 이론의 설명력 또는 예

---

[*]   같은 곳.

측력은 그 이론이 가정하는 이론적 대상의 실재성에 대한 정당화를 이룩하지 못한다는 주장을 포함하는–을 벗어날 수 없다고 생각된다. 반 프라센에 의하면, 한 이론의 설명적 성공은 그 이론의 진리성에 대한 그리고 그 이론이 가정하는 이론적 대상의 실재성에 대한 신념을 정당화하기에 충분한 근거가 되지 못한다.

해킹 역시 이론의 설명력은 이론의 진리성에 대한 신념을 갖는 데 충분한 근거가 되지 못한다고 반 프라센에 동조한다.* 해킹에 의하면, 한 이론의 설명력은 그 이론이 *옳다*는 신념이 아니라 *옳을 것 같다*는 신념에 대한 아주 *약한* 근거에 지나지 않는다. 그리고 이론이 예측적 성공을 거둘 때, 즉 이론으로부터 연역된 특수한 사실이 옳은 것으로 밝혀졌을 때 그 이론이 *옳을 것 같다*는 신념에 대해서 비교적 충분한 근거를 갖는다. 다시 말해서, 입증사례들을 충분히 가질 때 그 이론이 옳을 것 같다는 신념을 정당하게 갖기 시작한다. 그렇지만 해킹은 입증의 절차에 있어서 증거인 입증사례와 입증되는 이론 사이의 논리적 관계가 귀납이기 때문에 그 이론이 옳을 것 같다는 신념을 갖는 것이지 그 이론이 옳다는 신념을 갖는 것은 아니라고 생각한다. 그래서 예측적 성공도 이론이 옳다는 신념에 대한 충분한 근거가 되지 못한다고 생각한다.**

결과적으로, 해킹은 반 프라센처럼 한 이론의 설명력 또는 예측력은 그 이론의 진리성에 관한 정당화를 제공하지 못한다고 올바르게 주장한다. 이론의 설명력 또는 예측력은 그 이론의 진리성에 대한 충분한 근거가 되지 못한다. 그런 까닭에, 어떤 이론의 진리성에 대한 근거 바로 그것이 그 이론에 의해서 가정된 이론적 대상의 실재성에 대한 근거라고 생각한다 할지라도, 한

---

*   Hacking, 1986, 51-53.

**   같은 책, 143.

이론의 설명적 또는 예측적 성공은 그 이론이 가정하는 이론적 대상의 실재성에 대한 충분한 증거가 못 된다. 그래서 전자와 같은 이론적 대상의 실재성에 대한 정당화가 이론적 성공으로부터의 전통적 논증에 의해서 이루어진다는 홀콤의 주장은 올바르지 않다고 필자는 생각한다.

해킹은, 앞에서 살펴본 바와 같이 이론의 설명력 또는 예측력은 이론적 대상의 실재성에 대한 충분한 근거가 아니라고 생각하기 때문에, 이론의 설명력 또는 예측력을 토대로 이론적 대상의 실재성에 대한 정당화를 시도하는 전통적 논증을 포기한다. 그리고 전자와 같은 이론적 대상의 실재성에 대한 정당화의 근거를 이론적 대상들의 "실험적 조작 가능성"이라고 주장한다.*
해킹에 의하면, 실험적 조작 가능성 자체가 일부 이론적 대상들이 실제로 존재한다고 믿는 것에 대한 충분한 근거를 구성한다. 전자와 같은 그런 이론적 대상들의 "실험적 조작 가능성"은 그것들을 지적 도구(intellectual tool)가 아니라, 실험에서 그것들을 정말로 조작하여 물리적 세계의 다른 부분들에 직접적으로 변화를 야기하는 실제 도구(practical tool)로 사용할 수 있음을 의미

한다. 지적 도구는 정신적인 것과 독립해서 객관적으로 존재하지 않을지라도, 물리적 세계의 다른 부분에 직접적으로 영향을 주는 실제 도구는 확실히 정신적인 것과 독립해서 객관적으로 존재한다.

●● 포퍼

해킹은 포퍼의 "실재"에 관한 올바른 생각-"우리가 실재하는 것으로 믿

---

*   Hacking, "Experimentation and Scientific Realism", *Philosophical Topics* 13(1982); *Representing and Intervening*(Cambridge: Cambridge University Press, 1986), Ch. 1 & 16.

어도 되는 [미세한] 대상들은 *명백히* 실재하는 사물들, 즉 보통 크기의 물리적 사물들에 인과적 결과를 발생시킬 수 있음에 틀림없다"*-을 토대로, 합리적 사람이라면 어느 누구도 의심하지 않을 추리, 즉 "전자를 인과적 도구로 사용한다"는 전제로부터 "전자가 존재한다"는 결론을 이끌어내는 추리를 수행한다. 결과적으로, 실험적 조작 가능성이 S1에 대해서는 옳고, S2에 대해서는 그른 그런 조전 C라고 생각하는 홀콤은 잘못이다. 그리고 해킹은 올바르게 이론적 성공으로부터의 논증이 아니라 실험작업으로부터의 논증을 토대로 이론적 대상들에 관한 지식론적 과학-실재론을 주장한다. 이런 사실로부터 해킹에 대한 홀콤의 첫 번째 비판은 성공적이지 못하다고 생각한다.

홀콤은 그의 비판 두 번째 부분에서, 만일 실험과학으로부터의 논증이 이론과학으로부터의 논증에 독립적이라면, 실험과학으로부터의 논증은 관련 이론과학이 가정했던 이론적 대상들에 대한 실재론을 입증하지 못한다고 주장한다. 홀콤에 의하면, 두 논증이 서로 독립적인 경우에 실험으로부터의 논증은 관련 이론에 의해서 가정된 대상들을 언급하는 데 실패한다. 실험으로부터의 논증이 어떤 대상들의 실재성에 대한 주장을 입증할 수 있을지라도, 이 대상들은 관련 이론이 가정했던 대상들과 다르다는 것이다.

홀콤은 실험작업으로부터의 논증에서 언급하는 대상들이 이론적 성공으로부터의 논증에서 언급하는 이론적 대상들과 다르다는 그의 견해를 다음과 같이 옹호한다. "전자"와 같은 이론적 용어들의 지시는 전자이론의 설명들에서 이용되고 있는 성질들을 구체화한다.** 이것은 이론적 성공으로부터의 논증에서 언급하는 이론적 대상들이 "설명 대상들(explanatory entities)"이라는 것을 의미한다. 그렇지만 해킹이 실험작업으로부터의 논증을 제공하

---

* Popper K. and J. Eccles, *The Self and its Brain*(New York: Springer International, 1977), 9.
** Holcomb, 1988, 7.

면서 사용하는 "전자"라는 용어의 지시는 전자들이 설명적 역할을 수행하는 맥락에서의 성질들에 대한 언질을 함의하지 않기 때문에,* 해킹의 실험적 조작으로부터의 논증에서 언급하는 대상들, 즉 "조작 대상들(manipulated entities)"은 설명 대상들이 아니다. 그래서 홀콤은 이론적 성공으로부터의 논증에서 언급되는 이론적 대상들은 실험작업으로부터의 논증에서 언급되는 대상들과 다르다고 주장한다. 그리고 실험으로부터의 논증과 이론으로부터의 논증이 같은 대상들에 대한 것으로 해킹이 잘못 생각하고 있다고 주장한다. 다시 말해서, 해킹이 조작대상들을 설명대상들로 잘못 생각하고 있다는 것이다.

해킹은 실험으로부터의 논증에서 언급되는 대상과 이론으로부터의 논증에서 언급되는 대상이 다르다고 생각할 필요가 없다고 주장할 것 같다. 실험 과학자들이 사용하는 "전자"라는 용어와 이론과학자들이 사용하는 "전자"라는 용어는 서로 다른 지시체들을 가진다고 홀콤은 주장하고 있다. 그의 주장은 "어떤 X가 특성들 p1, p2, ..., pn을 갖는 것이다"고 주장하는 지시이론(a theory of reference)에 토대하고 있지, "어떤 X가 이 현상들의 원인이 되는 것이다"고 주장하는 지시이론에 토대하고 있지 않다. 그렇지만 그것들이 서로 다른 대상들이라고 생각하는 것에 대한 어떤 정당화가 있는 것이 아니고, 다음의 예에서 확인할 수 있는 것처럼 그것들을 동일한 대상으로 여기는 것이 훨씬 설득력을 갖는다.

한 미생물학자가 어떤 병을 일으키는 것으로 추측되는 한 종류의 바이러스를 가정하고 있다고 상상하여 보자. 그리고 이 바이러스가 갖는다고 생각되는 특성들 p1, p2, ..., pn은 그 병의 발생을 잘 설명하고 있다. 한참 뒤에, 새로 만들어진 고배율의 현미경을 가지고, 그 병에 걸린 환자의 혈액에

---

* 같은 곳.

그 바이러스가 갖는다고 생각되는 특성들 pr, ……, pw와 관련된 조작을 통하여 얻는 시편에서 한 대상을 관찰한다. 그 미생물학자는 이 대상이 가정했던 그 바이러스라고 믿는다. 그런데 홀콤은 이 미생물학자가 잘못 생각하고 있다고 주장할 것이다. 왜냐하면, 가정했던 바이러스는 (p1 & p2 & …… & pn)이지만, 그 관찰된 바이러스는 (pr & …… & pw)라고 믿기 때문에. (편의상 앞으로 p1 & p2 & …… & pn을 PN, pr & …… & pw를 PW로 표기한다.)

이러한 주장에 어떻게 응답할 수 있을까? 가정했던 대상은 PN 바이러스이었고, 관찰된 대상은 PW 바이러스이다. 프레게의 용어를 빌리자면, "PN 바이러스"의 의미(sense)와 "PW 바이러스"의 의미는 다르다. 그렇지만 각각의 지시체(referent)에 대해서는 어떠한가? 일반적으로 "PN 바이러스"의 지시체와 "PW 바이러스"의 지시체는 같은 것이라고 생각한다. 어떤 사람 S가 한 사람을 보고 있다고 가정해보자. 그 사람의 뒷모습, 즉 긴 머리, 옷 입은 스타일 등을 보면서 S가 옆에 있는 친구에게 "저 소녀는 아름답다"고 말한다. 그 사람이 뒤돌아섰을 때, 그 사람이 사실은 젊은 소년이었다는 것을 그들이 알아차린다. 이제 S가 친구에게 "저 소년은 소녀처럼 보인다"고 말한다. S는 두 개의 다른 지시체들에 대해서 이야기하고 있는가? "저 소년"의 지시체는 "저 소녀"의 지시체와 다른가? 이 경우에 "저 소년"의 지시체와 "저 소녀"의 지시체가 같은 것이라는 사실을 분별 있는 사람이라면 어느 누구도 의심하지 않는다. 마찬가지로, 앞의 "PN 바이러스" 지시체와 "PW 바이러스"의 지시체는 같은 것이다. 또한, 실험과학자의 용어 "전자"의 지시체와 이론과학자의 용어 "전자"의 지시체는 동일한 것이다.* 그런 까닭에, 홀

---

* 여기서 "소년"의 경우와 "바이러스"의 경우 각각에서는 지시체가 동일하다는 것이 설득력 있는 주장이지만, "전자"의 경우에는 그렇지 않다고 반대하면서, 그 이유가 "소년", "바이러스"는 명시적 용어(ostensive term)들이지만, "전자"는 비명시적 용어(non-ostensive term)이기 때문이라고 주장하는 사람이 있을지 모르겠다. 하지만 필자는 명시적 용어들의 경우에 지시체가 동일하다는 설득력 있는 추리방식이 비명시적 용어들의 경우에는 적용되지 못할 어떤 이유가 존재한다고 생각하지 않는다. 더군다나, 이론적 논의, 즉 전자이론에 의한 설

콤의 두 번째 비판도 역시 성공적이지 못하다고 생각한다.

3. 그로스의 비판

전자와 같은 이론적 대상들의 실재성에 대한 신념이 그 대상들을 실험에서 인과적 도구(causal tools)로 사용한다는 것에 근거하여 정당화된다고 해킹은 주장한다. 그래서 그는 전자와 같은 일부 이론적 대상들에 대해서 특별한 격위를 부여한다. 그러나 쿼크와 같은 이론적 대상들의 실재성에 대한 신념은 그것들을 실제 도구로 사용할 수 없기 때문에 정당화되지 못한다고 그는 주장한다.

그렇지만 그로스는 실험적 조작 가능성이 전자와 같은 이론적 대상들에 대해서 특별한 지식론적 격위(the privileged epistemological status)를 줄 수 없다고 반대한다. 실험적 사용은 그것들의 실재성에 대한 정당화의 충분조건 또는 필요조건이 아니라고 주장한다. 그로스는 다음과 같이 해킹의 생각을 설명한다:

> 과학 이론과 이론적 대상들에 관한 포괄적 실재론이 역사적 사실들,
> 그리고 반대논증들에 맞서서 견디어낼 수 없다는 견해를 [해킹은]
> 마음속에 지니고 있다. 해킹은 관찰할 수 없는 대상들 중 [전부가 아
> 니라] 약간에 대해서 실재론자이다. 그리고 그러한 대상들은 이론

명에서 함의하고 있는 가정된 전자의 잘 알려진 인과적 성질, 즉 전자는 1.602 10-19C의 전하를 갖는다는 것 등이 "자유"쿼크를 탐구하는 실험에서 전자를 조작하여 얻은 결과에서 측정, 확인할 수 있다는 것 등이 이론적 논의에서 "설명적 대상"으로서의 전자와 실험에서 "조작적 대상"으로서의 전자의 지시체가 동일하다는 신념을 강화시켜 준다고 생각한다.

의 아주 많은 수정 속에서도 살아남을 정도로 충분히 견고한 것들이다. …… 전자가 해킹이 예로 든 실재하고 [직접적으로] 관찰할 수 없는 대상이다. 그것의 성질은 아주 일관성이 있고 잘 알려져서, 그것이 도구로 사용된다: 지식의 범위를 확장하기 위하여 고안된 과학실험들에서 교묘한 기술로 그것이 조작된다. …… 복합적인 감각들이 중간 크기 대상들의 존재를 확신시켜 주는 것과 똑같은 정도로 전자의 실험적 사용은 그것의 존재를 확신시켜 준다. …… [직접적으로] 관찰할 수 없는 대상들은 그것들이 실험의 과정 속에서 조작될 수 있는 경우에만 실재한다고 충분히 주장될 수 있다.*

그러나 그로스는 실험적 사용이라는 해킹의 기준이 이론적 대상들의 실재성에 관한 충분조건이 못 된다고 주장한다.** 비록 어떤 이론적 대상들이 그 기준을 만족시킨다 할지라도, 그것들의 실재성이 정당화되지 않는다는 것이다. 그로스는 전자에 대한 해킹의 주장을 다음과 같이 인용한다: "*나에 관한한, 만일 우리가 그것들을 뿌릴 수 있다면, 그것들은 실재한다.*"*** 그리고 마이클슨의 경우를 다음과 같이 예로 든다:

…… 마이클슨은 에테르에 대해서 바로 이 방식으로 생각했다. 간섭계에 관한 그의 첫 번째 논문에서, …… "빛의 파동설은 에테르라고 불리는 매개체의 존재를 가정하는데, 그것의 진동이 열과 빛 현상을 만들고 그것   이 모든 공간을 채우고 있는 것으로 생각된다"고 말한

---

*   Gross, Alan G., "Reinventing Certainty: The Significance of Ian Hacking's Realism", in PSA 1990: *Proceedings of the Biennial Meetings of the Philosophy of Science Association*, vol. 1, by the Philosophy of Science Association(East Lansing: Philosophy of Science Association, 1990), 421-22.
**   같은 논문, 424.
*** Hacking, 1986, 23.

다. …… 그 간섭계는 빛의 파동 패턴 속의 줄무늬 변화들을 수단으로 지구의 운동을 탐지하도록 고안되었고, 강성(rigidity)을 갖는 에테르가 그 장치에 채워졌다. 마이클슨은, 만일 "에테르가 정지해 있고 지구가 그것을 관통하면서 움직이고 있다고 가정한다면, 지구표면 위의 한 점으로부터 다른 점으로 빛이 지나갈 때 소요되는 시간은 빛이 움직이는 방향에 의존할 것이다"고 말한다. …… 줄무늬 변화-지구 운동의 표시-가 탐지되었어야만 했었다. 그러나 줄무늬 변화는 없었다. 그의 실험이 실패하였기 때문에, 마이클슨은 '정지 에테르의 가설이 올바르지 않은 것으로 보인다'고 생각했다. [이미 판명된 것처럼, 마이클슨의 실험은 결정적이지 못했었다. 에테르 이론을 버리는 데에는 마이클슨, 모어리와 밀러에 의한 반세기 동안의 실험작업이 소요되었다.][*]

● ● 마이클슨

잘 알려진 인과적 성질, (즉 에테르의 강성)이 그 장치에 만들어졌던 것이 에테르의 실재성에 대해서 관련이 없었다는 것을 이 마이클슨의 경우가 보여주고 있다고 그로스는 주장한다. 이 경우를 해킹의 실험적 조작 가능성에 딱 들어맞는 예로 간주하면서, 그로스는 해킹의 기준이 이론적 대상의 실재

---

[*]   Gross, 1990, 425. 인용문들은 L. S. Swenson Jr.의 책 *The Etherial Aether: A History of the Michelson-Morely-Miller Aether-Drift Experiments, 1880-1930*에 실려 있다.

성에 대한 정당화를 위해서 충분하지 못하다고 결론 맺는다. 전자에 대한 실험적 조작 가능성이 그것의 실재성에 대한 정당화의 충분조건일 수 없다는 것이다.

그렇지만 마이클슨의 경우는 해킹의 기준에 대한 반대사례(a counter example)일 수 없다. "전자의 잘 알려진 인과적 성질, (즉 전자는 물체의 전하를 감소시킨다는 것)이 스탠포드 과학자들(LaRue, Fairbank, Hebard)의 '자유' 쿼크를 탐지하기 위한 장치에 만들어졌다"고 해킹이 말하였을 때, 그는 감소된 전하를 측정할 수 있고 전하를 감소시키기 위한 조작, 즉 전자총(PEGGY Ⅱ)으로 전자를 뿌린다는 사실을 언급하고 있다. 그러나 마이클슨의 경우에 에테르와 관련되는 사실은 오직 광파의 전달에 있어서 에테르의 역할에 대한 것뿐이다. 밀리컨과 동료들이 많은 실험을 통하여 기본 최소 전하를 측정하였을 때, 전자의 인과적 성질-즉 전자는 최소 전하를 갖는다-이 잘 알려졌다. 그렇지만 필자의 견해로는, 에테르의 강성은 위의 경우처럼 알려지는 것이 아니라, 단지 에테르 안에서의 횡파의 전달을 위하여 가정되고 있을 뿐이다. 우리는 에테르를 조정하거나 조작할 수 없다. 어떤 장치로부터도 그것을 방출시킬 수 없다. 게다가 그것의 강성률을 측정할 수도 없다. 달리 말하자면, 그 장치에 에테르의 강성을 만들어놓았다는 것은 사실이 아니다. 그래서 실제로 에테르를 조작하고 있지 않다. 결론적으로 말하자면, 마이클슨의 경우는 전자와 같은 그런 이론적 대상들에 대한 실험적 조작 가능성이 그것들의 실재성에 대한 정당화의 충분한 증거라고 주장하는 해킹의 경우에 대한 반대사례가 아니라고 생각된다.

그로스는 해킹에 반대하여 이론적 대상들을 "도구로 사용한다"고 주장할 수 없다고 말한다. 그로스에 의하면, 우리는 기껏해야 어떤 이론이 한 이론적 대상에 기인하는 것으로 여기는 인과적 성질들을 실험장치에서 확인할 수 있을 뿐이다. 우리가 "전자를 뿌린다"고 말할 때, 사실은 실험장치에서 전자의 인과적 성질, 즉 전자가 물체의 전하를 감소시킨다는 것을 확인할 뿐이지, 전자의 실재에 대한 어떤 증거를 확보하고 있는 경우가 아니라고 그로스는 주장한다.

그렇지만 어떤 이론적 대상에 대한 실험적 조작 가능성은 어떤 이론이 그 대상에 기인하는 것으로 가정되는 인과적 성질을 실험장치에서 확인할 수 있다는 것만을 의미하지 않는다. "자유" 쿼크를 찾고 있는 실험에서 전자에 대한 실험적 조작 가능성은 실험기구에 의해서 실험장치의 한 부분에 전자를 뿜을 수 있고, 그 결과로 전자의 인과적 성질이 그 실험장치에서 측정된다는 것이다. 이 경우에 전자에 대한 조작 가능성은 물리적 세계의 다른 부분, 즉 그 실험장치의 한 부분에 변화를 결과하는 조작절차(manipulating procedures)를 포함한다. (물리적 세계의 그 다른 부분에 변화를 결과하는) 이 조작절차는 그러한 이론적 대상들이 물리적 세계의 다른 부분에 정말로 직접적 영향을 주는 실제적 도구라는 것을 드러낸다. 이것이 옳기 때문에, 이론적 대상들을 "도구로 사용한다"고 주장할 수 없다는 그로스의 주장은 올바르지 못하다.

따라서 필자는 해킹의 실험적 실재론에 대한 그로스의 첫 번째 비판이 성공적이지 못하다고 생각한다. 어떤 이론적 대상들에 대한 실험적 조작 가능성은 그것들의 실재성에 대한 신념을 충분히 정당화한다.

그로스의 두 번째 비판은 해킹의 기준이 이론적 대상의 실재성에 대한 정당화를 위해서 필요하지도 않다는 것이다. 그는 "이론적 대상들이 해킹의 기준을 만족시키는 데 실패할지라도, 감각경험의 일상적 대상들이 실재하는 것으로 믿어지는 경우와 똑같은 정도로 과학에서 실재하는 것으로 믿어진다"고 주장한다.* 예를 들어, 쿼크가 실험적 조작 가능성이라는 기준을 만족시키지 않기 때문에, 쿼크의 실재성에 대한 신념은 정당화되지 않는다고 해킹은 주장한다. 그로스의 주장에 의하면, 쿼크가 해킹의 기준을 만족시키지 않지만 쿼크는 이미 양자물리학자들에게 다음과 같이 실재하는 것(real existent)이 되었다.

> 1976년에 직접적 증거가 없었다; 자유 쿼크들은 "관찰된"에 대한 가장 확장된 의미로조차도 결코 관찰되지 못했었다. 그럼에도 불구하고, 그해 말 무렵에 그것들의 존재가 확고하게 인정되었다. 그때까지 이용 가능한 모든 자료를 재해석하면서, 골드해버(Goldhaber)와 피에르(Pierre)는 제안된 새로운 양자수 참(charm)과 잘 조화를 이루는 행위를 갖는 중성 중간자(neutral meson)의 존재를 증명하였다. …… 결과적으로 참은 쿼크들의 한 성질로 인정되었고, 쿼크 자체들이 고에너지 물리학 사회에서 전자와 양전자에 버금가는…… 격위를 나누어 갖기 시작했다. 이론적인 중재(mediation)만으로 양자물리학에서 가정된 대상이 보다 일상적인 의미로 관찰 가능한 대상들이 실재성에 대해서 갖는 격위와 똑같은 격위를 갖게 되었다.**

여기서 골드해버와 피에르의 이론이 그때까지 존재하는 자료들, 즉 (중성 중간자를 구성하는) 가정된 쿼크의 행위들에 관한 진술들, 제안된 새로운 양자수 참에 관한 진술들, 그리고 관찰 가능한 것들에 관한 진술들을 서로 적절하게 관련 맺고 모순 없게 해준다면, 쿼크의 존재에 대한 신념이 확고하

---

* 같은 논문, 424.

** Pickering, A., *Constructing Quarks: A Sociological History of Particle Physics*(Chicago: University of Chicago Press, 1984), 268.

게 정당화된다는 것이다. 그로스가 확고한 것으로 여기는 증거는 (중성 중간자를 구성하는) 가정된 쿼크의 행위들에 관한 여러 진술이 제안된 새로운 양자수 참에 대한 진술들과 관찰 가능한 것들에 관한 다른 진술들을 아주 잘 설명한다는 것이다. 그래서 양자물리학자들은 "최선의 설명으로의 추리(Inference to the Best Explanation)"라는 지식론적 기준에 의거하여 쿼크의 존재에 대한 확고한 정당화를 수립한다는 것이다. 그로스는 존재가 가정되는 대상들의 실재성에 대한 신념의 확고한 정당화가 그 대상들에 관한 진술들 포함하는 가설의 설명력에 근거한다고 생각한다. 그러나 앞에서 이미 살펴본 것처럼, 이론 또는 가설의 설명력은 그것을 옳은 것으로 승인하는 것에 대한 충분한 증거가 되지 못하고, 그것이 가정하는 이론적 대상의 실재성에 대한 충분한 근거도 되지 못한다. 그래서 가정된 쿼크의 행위들에 관한 진술들의 설명력은 그 진술들이 주장하는 것을 옳은 것으로 승인하는 것에 대한 충분한 증거가 되지 못한다. 그리고 가정된 쿼크의 실재성 승인에 대한 충분한 증거가 되지 못한다. 그런 까닭에, 그로스의 두 번째 비판-전자와 같은 그런 이론적 대상의 실재성에 대한 정당화를 위해서 해킹의 기준이 필요하지도 않다는 주장-은 올바르지 못하다.

결과적으로, 필자는 실험적 조작 가능성이 전자와 같은 그런 이론적 대상들의 실재성에 대한 정당화를 위하여 충분하거나 필요하지 않다는 그로스의 비판이 올바르지 못하다고 생각한다.

4. 레이너와 피어슨의 비판

　레이너와 피어슨은 그들의 논문 "Hacking's Experimental Reaslim: An Untenable Middle Ground"에서 해킹의 과학적 실재론에 대한 정당화도 해킹 자신이 적절함을 부정하고 있는 IBE에 의존해야만 한다고 주장한다. 그런 까닭에, 만일 IBE가 어떤 신념의 정당화를 달성하기에 부적절한 경우라면, 해킹의 과학적 실재론에 대한 정당화도 실패한다. 반면에, 만약 IBE가 그런 경우가 아니라면, 해킹의 과학적 실재론에 대한 정당화는 불필요하다. 왜냐 하면, 과학적 실재론에 대한 정당화가 IBE에 근거를 두고 있는 전통적 실재론자들의 정당화로 충분하기 때문이다.[*]

　필자는 과학적 실재론의 정당화를 위하여 해킹이 제공한 두 가지 예들을 레이너와 피어슨이 어떻게 이해하고, 그 결과로 IBE에 의존해야만 그 정당화가 달성될 수 있다고 주장하는가를 비판적으로 검토할 것이다. 첫째로, 앞에서 살펴본 '현미경의 경우'에 대해서 레이너와 피어슨의 이해와 주장을 살펴보자. 그들은 해킹이 "작지만 관찰 가능한 대상들"에 관한 과학적 실재론의 정당화를 위하여 '현미경의 경우'를 제시하고 있다고 생각한다.[**] 그리고 그들이 주장하기를, 이 경우에 해킹이 실재론을 주장하는 직접적 이유는 그가 다음과 같이 추리하기 때문이다.

　　…… 만일 우리가 다수의 [서로] 다른 물리적 체계들을 [사용하는 여러 종류의 현미경들을] 수단으로 같은 기본적 형태들을 갖는 어떤 구조를 볼 수 있다면, 우리는 "'그것이 [준비과정에서 만들어진] 인공

---

[*]　Reiner, R. & R. Pierson, "Hacking's Experimental Realism: An Untenable Middle Ground", *Philosophy of Science* 62(1995), 68.

[**]　같은 논문, 61.

적인 것'이라기보다는 오히려 '그것이 실재라고'" 말할 훌륭한 이유를 갖는다. …… 이것에 관한 이유는 다음과 같이 명백하다. "만일, 매번에 걸쳐서, 두 개의 완전히 다른 물리적 과정들이 눈으로 확인할 수 있는 동일한 형태를 만들지만 그것이 실재 구조라기보다는 오히려 그 물리적 과정들이 만든 인공적인 것이라면, 그것은 너무나 터무니없는 우연의 일치일 것 같다……." ……*

여기서 레이너와 피어슨은 해킹이 일종의 '최선의 설명으로의 추리(IBE)'를 하고 있다고 주장한다. 다시 말해서, 왜 서로 다른 물리적 과정들을 사용하는 여러 현미경을 통해서 똑같은 구조를 관찰하는가에 대한 최선의 설명 가설은 그것이 실재 구조라는 것이고, 이것을 바탕으로 해킹이 '현미경의 경우'에 있어 실재론이 옳다고 추리한다는 것이다. 결론적으로, 해킹의 과학적 실재론을 위한 정당화는 IBE에 의존해야만 된다는 것이다.

그렇지만 필자는 과학적 실재론의 정당화를 위하여 해킹이 제공하는 예들 중의 하나인 '현미경의 경우'에 대한 레이너와 피어슨의 이해와 주장이 적절하지 않다고 생각한다. 레이너와 피어슨에 따르면, 해킹의 추리는 다음과 같이 전개된다. 서로 다른 물리적 과정들을 사용하는 여러 종류의 현미경들을 통하여 같은 구조를 볼 수 있을 때, 우리는 그 구조가 실재 구조라는 것에 대한 충분한 이유를 갖는다. 그리고 그 이유는 그 구조가 실재 구조라는 가설이 서로 다른 물리적 체계들을 사용하는 여러 현미경을 수단으로 똑같은 구조를 보는 그 현상에 대한 최선의 설명이라는 것이다. 이 추리 상황은 다음과 같다. 조건 C에서, X의 실재성을 믿는 것에 대한 충분한 근거를 갖는다. (그리고 그 근거는 X가 실재라는 것이 C에 대한 최선의 설명 가설이라는 것

---

* 같은 논문, 63. 인용은 Hacking(1986)에서 재인용한 것임.

이다).

그렇지만 필자의 견해로는 과학적 실재론의 정당화를 위한 해킹의 추리는 다음과 같이 전개된다. 이론이 가정하고 직접 관찰할 수 없는 이론적 대상들의 일부는 현미경을 통하여 관찰될 수 있다. 그리고 현미경을 통한 관찰도 맨눈으로 직접 보는 관찰과 마찬가지로 충분히 적절한 관찰 행위이다. 이 주장의 정당성을 확보하기 위하여, 다시 말해서 적절한 조건 아래 맨눈으로 직접 보는 경우에 우리가 실재 구조를 보는 것과 마찬가지로 적절한 조건 아래 현미경을 통하여 보는 경우도 우리가 작지만 실재하는 구조를 관찰하는 것을 밝히기 위하여 앞에서 살펴본 "격자 눈금" 논증을 제시한다. 그 결과로, 만일 지식에 관한 경험론을 받아들인다면 -'만일 우리가 어떤 것을 관찰할 수 있다면, 우리는 그것의 실재성을 안다'는 주장을 승인한다면- 현미경을 통한 어떤 구조의 관찰은 그 구조의 실재성에 대한 신념의 정당화를 위한 충분한 증거이다. 그리고 이 정당화는 서로 다른 물리적 체계들을 사용하는 여러 종류의 현미경을 통하여 똑같은 구조를 보는 것, 즉 다양한 증거들에 의해서 보강된다. 결론적으로, 서로 다른 물리적 과정들을 사용하는 다양한 종류의 현미경을 통하여 같은 구조를 볼 수 있다는 것 그 자체가 그 구조가 실재 구조라는 것에 대한 아주 충분한 근거이다.* 이 추리 상황은 다음과 같다: 조건 C 자체가 X의 실재성을 믿는 것에 대한 충분한 근거를 구성한다.

해킹의 추리 상황에 대한 해석을 레이너와 피어슨의 경우가 아니라 필자의 경우로 받아들인다면, '현미경의 경우'에 있어 과학적 실재론에 대한 정당화를 위하여 레이너와 피어슨이 주장하는 것처럼 IBE에 의존할 필요가

---

* 여기서 필자는 '격자 논증'이 있고 나면 현미경에 의한 교차 확인이 실재성의 충분조건이라고 말하는 논변을 하고 있지 않다. 필자는 '격자 논증' 그 자체가 현미경으로 보는 것에 대한 실재성의 충분조건이고, 여러 종류의 현미경에 의한 교차확인의 각각이 그러한 증거들이기 때문에 교차확인이 이러한 증거들을 다양하게 해준다고 주장한다.

없다. 왜냐하면, 조건 C 자체가 X의 실재성을 믿는 것에 대한 충분한 근거를 구성하기 때문에 더 이상의 근거를 찾는 것이 불필요하기 때문이다. 그리고 앞에서 살펴본 바와 같이, 해킹 자신이 현미경과 같은 도구나 준비과정에 의해서 인공적으로 만들어져 보이는 것과 현미경을 통해서 보이는 실재 구조 사이에 대한 우리의 분별력은 현미경을 통해서 보이는 그 구조가 실재한다는 가설의 설명력에 바탕을 둔 IBE로부터 만들어지는 것이 아니라, 현미경을 통한 관찰, 즉 복합적 행위 중의 어떤 대상을 조작하거나 상호작용하는 행위 등등, 다시 말해서 일반적으로 행위(doing)로부터 만들어진다고 밝히고 있다.

둘째로, '전자의 경우'에 대한 레이너와 피어슨의 이해와 주장은 다음과 같다. 그들에 의하면, 이론적 대상들 중에 "관찰"에 대해서 해킹 자신이 제안한 의미로도 관찰 불가능한 대상에 관한 과학적 실재론의 정당화를 위하여 그가 '전자의 경우'를 제공하고 있다고 생각한다. 레이너와 피어슨은 이 경우에 있어서 해킹이 과학적 실재론의 정당성을 주장할 수 있는 직접적 이유는 다음과 같다고 이해한다:

> 실험실에서의 숙련된 기술을 통하여 우리가 승인하는 것은…… 관찰 불가능한 대상들이 아니라, 단지 장치에서의 어떤 관찰 가능한 상호작용들일 뿐이다. 오직 IBE에 의해서 우리는 이 관찰 가능한 표시들이 인과적 상호작용들의 존재를 지적하고, 이 상호작용들이 인공적인 것들이 아니고, 그 배후에 대상들이 존재한다고 믿는 것에 이를 수 있다.[*]

---

[*]   같은 논문, 67.

다시 말해서, 실험실에서의 숙련된 기술적 행위를 통하여 우리가 알 수 있는 것은 전자와 같은 관찰 불가능한 대상이 실재한다는 것이 아니라, 실험장치에서의 어떤 관찰 가능한 상호작용들의 존재이다. 그리고 일종의 IBE에 의존해서-이 관찰 가능한 상호작용들의 발생에 대해서 그 원인이 되는 전자와 같은 대상이 실재한다는 가설이 최선의 설명이기 때문에- 전자와 같은 이론적 대상이 실재한다는 신념이 정당화된다고 주장해야만 한다는 것이다.

그렇지만 필자는 레이너와 피어슨의 주장이 올바르지 않다고 생각한다. 해킹이 '전자의 경우'에 과학적 실재론의 정당화를 주장하기 위하여 일종의 IBE에 의존하지 않고, 또한 그럴 필요도 없다. 실험실에서의 숙련된 기술을 통한 (아직 가정적인) 전자에 대한 우리의 조작 능력 그 자체가, 다시 말해서 전자를 이 물리적 세계의 다른 부분에 직접적으로 변화를 야기하는 인과적 도구로 우리가 사용할 수 있다는 것 그 자체가 전자가 실재한다는 신념의 정당화를 위한 충분한 근거가 된다. 해킹은 포퍼의 "실재"에 관한 적절한 생각-"우리가 실재하는 것으로 믿어도 되는 [미세한] 대상들은 명백히 실재하는 사물들, 즉 보통 크기의 물리적 사물들에 인과적 결과를 발생시킬 수 있음에 틀림없다"*-을 토대로 합리적 사람이라면 어느 누구도 의심하지 않을 추리, 즉 "전자를 인과적 도구로 사용한다"는 전제로부터 "전자가 실재한다"는 결론을 이끌어내는 추리를 수행한다.

레이너와 피어슨에 의하면, 우리는 기껏해야 어떤 이론이 한 이론적 대상에 기인하는 것으로 여기는 인과적 성질들을 실험장치에서 확인할 수 있을 뿐이다. 우리가 "전자를 뿌린다" 또는 "전자를 쏜다"고 말할 때, 사실은 실험장치에서 전자의 인과적 성질, 즉 전자가 물체의 전하를 감소시킨다는 것을

---

*   Popper & Eccles, 1977, 9.

확인할 뿐이지, 전자를 도구로 사용한다는 것에 대한 어떤 증거 그래서 전자의 실재성에 대한 어떤 증거를 확보하고 있는 경우가 아니라고 그들은 주장한다.

그렇지만 어떤 이론적 대상에 대한 실험에서의 조작 가능성은 어떤 이론이 그 대상에 기인하는 것으로 가정하는 인과적 성질을 실험장치에서 확인할 수 있다는 것만을 의미하지 않는다. '자유' 쿼크를 찾고 있는 실험에서 전자에 대한 조작 가능성은 실험기구에 의해서 실험장치의 한 부분에 전자를 뽑을 수 있고, 그 결과로 전자의 인과적 성질이 그 실험장치에서 측정된다는 것이다. 이 경우에 전자에 대한 조작 가능성은 물리적 세계의 다른 부분, 즉 그 실험장치의 한 부분에 변화를 결과하는 조작절차(manipulating procedures)-사물을 뽑는 분무장치를 사용하는 것 등등-를 포함한다.* (물리적 세계의 다른 부분에 변화를 결과하는) 이 조작절차는 그러한 이론적 대상이 물리적 세계의 다른 부분에 정말로 직접적 영향을 주는 실제적 도구라는 것을 드러낸다. 그래서 실험에서의 조작 가능성을 통하여 전자와 같은 이론적 대상을 도구로 사용한다는 것에 대한 어떤 증거를 확보하지 못한다는 레이너와 피어슨의 주장은 올바르지 못하다. 필자는 해킹의 실험적 실재론에 반대하여 전개되었거나 될 수 있는 주요 비판들을 정리하고, 그 각각에 대해서 세밀히 비판적으로 검토하였다. 그리고 그것들에 맞서서 전자와 같은 이론적 대상들에 대한 지식론적 과학-실재론의 한 종류인 해킹의 실험적 실재론을 옹호하였다.

---

* 이 점에 대해서 앞의 4장 2절에서 자세히 설명하였다. 아울러 같은 곳에서 반실재론자들이 내놓을 법한 반대, 즉 "우리가 '전자를 뿌리거나 쏜다'는 것을 어떻게 아는가?"에 대비하여 '전자를 뿌리거나 쏜다'는 사실을 우리가 어떻게 아는가에 대한 설명도 이미 제공하였다.

김욱동. 「포스트모더니즘」. 『과학사상』 18호(1996): 202-12.

이봉재. 「과학적 실재론의 새로운 모색: 반 프라센의 경험론을 넘어서」. 박
사학위논문. 서울대학교, 1993.

조인래. 「과학적 실재론: 그 전개와 현황」. 『과학과 철학』 6집(1995): 7-31.

Boyd, R. N. "Determinism, Laws and Predictability in Principle." *Philosophy of Science*
39(1972):431-50.

____. "The Current Status of Scientific Realism." in *Scientific Realism*, Edited by J.
Leplin, 41-82. Berkeley & Los Angeles: University of California Press, 1984.

Brody, B. A. & R. E. Grandy. *Readings in the Philosophy of Science*. 2d ed. Englewood
Cliffs: Prentice Hall, 1989.

____. "Confirmation and Explanation." in *Readings in the Philosophy of Science*. 2d.
ed.(Englewood Cliffs: 그 후 1세기에 걸쳐서

Cartwright, N. *How the Laws of Physics Lie*. Oxford: Clarendon, 1983.

Devitt, M. *Realism and Truth*. Princeton: Princeton University Press, 1984.

Dobson, A. "Believing What We Do Not See: The Case Against van Fraassen's
Conception of Observation." *Dialogue* (*PST*) 33, no. 2-3(1991): 51-55.

Edwards, P., ed. *Encyclopedia of Philosophy*. New York: Macmillan Company & Free
Press, 1967. S.v. "Laws and Theories: the cognitive status of theories", by M.
Hesse.

Fine, A. "Science Made Up: Constructivist Sociology of Scientific Knowledge." In
Disunity and Contextualism in the Philosophy of Science, Edited by P. Galison and

D. Stump. Palo Alto: Stanford University Press, 1996.

Galison, P. "Aufbau/Bauhaus: Logical Positivism and Architectural Modernism." *Critical Inquiry* 16(1990): 709-52.

Gross, A. G. "Reinventing Certainty: The Significance of Ian Hacking's Realism." In *PSA 1990: Proceedings of the Biennial Meetings of the Philosophy of Science Association*, Vol. 1, by the Philosophy of Science Association. East Lansing: Philosophy of Science Association, 1990, 421-31.

Gutting, G. "Scientific Realism versus Constructive Empiricism: A Dialogue." In *Images of Science*, Edited by P. M. Churchland and C. A. Hooker, 118-31. Chicago: University of Chicago Press, 1985.

Hacking, I. "Experimentation and Scientific Realism." *Philosophical Topics* 13(1982): 71-88.

____. *Representing and Intervening*. Cambridge: Cambridge University Press, 1986.

____. "The Participant Irrealist At Large in the Laboratory." *British Journal for the Philosophy of Science* 39,no3(1988):277-94.

____. "Do We See Through a Microscope?" In B. A. Brody & R. E. Grandy(ed.), *Readings in the Philosophy of Science* 2d. ed.(Englewood Cliffs:Prentice Hall,1989):29-43.

Hanson,N.R.*Patterns of Discovery*. Cambridge:Cambridge University Press,1972.

Harmon."The Inference to the Best Explanation."in *The Philosophical Review* 74:88-95.

Harré,R. *Varieties of Realism*. Oxford:Basil Blackwell,1986.

Hempel,K.G.*Aspects of Scientific Explanations*.New York:Free Press,1965.

Holcomb Ⅲ, H. R. "Hacking's Experimental Argument for Realism." *The Journal of Critical Analysis* 9, no.1(1988): 1-12.

Jeong, G. S. "A Critical Examination of Bas C. van Fraassen's Epistemological Anti-scientific Realism." Master Thesis. University of Arkansas, 1989.

_____. "An Examination of the Current Debate between Epistemological Scientific Realism and Antirealism Focusing on van Fraassen's Antirealism and Hacking's Realism." Dissertation. University of Utah, 1994.

Latour, B. and S. Woolgar. *Laboratory Life: The Social Construction of Scientific Facts.* Beverly Hills and London: Sage Press, 1979.

Leplin, J., ed. *Scientific Realism.* Berkeley & Los Angeles: University of California Press, 1984.

Lipton, P. *Inference to the Best Explanation.* London: Routledge, 1991.

Losee, J. *A Historical Introduction to the Philosophy of Science.* Oxford: Oxford University Press, 1980.

Maxwell, G. "The Ontological Status of Theoretical Entities." *Minnesota studies in Philosophy of Science* Ⅲ(1962): 3-27.

Michelson, A. A. "The Relative Motion of the Earth and the Luminiferous Ether." In *The Etherial Aether: A History of the Michelson-Morely-Miller Aether-Drift Experiments,* 1880-1930, Edited by L. S. Swenson Jr., 249-58. Austin: University of Texas Press, 1972.

Miller, R. W. *Fact and Method.* Princeton: Princeton University Press, 1987.

Pickering, A. *Constructing Quarks: A Sociological History of Particle Physics.* Chicago: University of Chicago Press, 1984.

Pierce, *Collected Papers.* Edited by Hartshorn & Weiss, 5.180-5.212. Cambridge, Mass.: Harvard University Press, 1931.

Popper, K. R. and J. Eccles. *The Self and its Brain.* New York: Springer International, 1977.

Putnam, H. *Mathematics, Matter and Method,* Vol. I. Cambridge: Cambridge University Press, 1975.

____. *Meaning and the Moral Sciences.* London: Hutchinson(1978): 18-22.

Reiner, R. & R. Pierson. "Hacking's Experimental Realism: An Untenable Middle Ground." *Philosophy of Science* 62(1995): 68.

Rouse, J. "The Politics of Postmodern Philosophy of Science." *Philosophy of Science* 58(1991): 607-27.

Schlagel, R. H. "Experimental Realism: A Critique of Bas van Fraassen's Constructive Empiricism." *The Review of Metaphysics* 41(1988): 789-814.

Swenson, L. S. Jr. *The Etherial Aether: A History of the Michelson–Morely–Miller Aether–Drift Experiments,* 1880–1930. Austin: University of Texas Press, 1972.

Thagard. "The Best Explanation: Criteria for Theory Choice." *The Journal of Philosophy* 75: 76-92.

van Fraassen, B. C. *The Scientific Image.* Oxford: Clarendon Press, 1980.

____. *Laws and Symmetry.* Oxford: Clarendon Press, 1989.

정광수

현)전북대학교 자연대 과학학과 교수

전북대학교 과학문화연구센터(SCRC) 센터장

전북대학교 STS 미래사업단장

한국과학철학회 편집인

『과학기술철학연구』(2013)

『과학기술과 문화예술』(2010, 2011년도 대한민국학술원 선정 우수학술도서)

『한국의 과학문화』(2003)

『과학학 개론』(2001)

「인간개체복제에 대한 윤리적 검토」(2001)

「첨단 정보기술사회의 프라이버시 문제」(2005)

「해킹에 대한 윤리적 검토」(2007)

「과학과 예술의 공약가능성과 한계」(2009)

「과학적 세계관과 인간관」(2011)

외 다수